AF389685

LES
SÉRAILS
DE LONDRES.

Se vend à Metz,

Chez DEVILLY, Libraire, rue du Petit-Paris.

Je vois que vous êtes tous les deux dans la même
situation: malgré votre bravade, vous trembliez

LES

SÉRAILS DE LONDRES,

OU

LES AMUSEMENS NOCTURNES.

CONTENANT

Les Scènes qui y sont journellement re-présentées, les Portraits et la Description des Courtisannes les plus célèbres, et les Caractères de ceux qui les fréquentent.

TRADUIT DE L'ANGLAIS.

TOME SECOND.

—————

A PARIS,

Chez BARBA, Libraire, Palais Egalité, derrière le Théâtre de la République, no. 51.

AN IX. (1801.)

LES SÉRAILS DE LONDRES,

OU

LES AMUSEMENS NOCTURNES.

CHAPITRE XIII.

Suite de l'histoire de la signora G...., et de Monsieur Men..z. Mémoires de Madame P...pe. Description de sa personne. Son mari, par un acte, la vend au juge H...... — Son introduction chez le lord S..... Genre d'amusemens dans une certaine coterie-femelle.

Nous avons laissé à la Haye le pauvre Monsieur Men..z, suppliant une beauté tyrannique de daigner lui

A

accorder un sourire pour soulagement de ses peines et tourmens ; mais lorsque nous ajouterons qu'il lui présenta le plus puissant de tous les avocats, un billet de banque de mille livres sterlings, on sera tenté de croire que l'amant en miniature fut complettement heureux. — Point du tout. — Elle prit le billet qu'elle mit dans sa poche, et lui dit, d'un ton moitié plaisant et moitié sérieux, que c'étoit, par pur égard pour sa personne, qu'elle ne favorisoit pas ses desirs, parce qu'elle étoit entièrement convaincue, que la gratification d'une seule nuit anéantiroit sa petite masse, et qu'il ne resteroit rien de son individu, que le pur *caput mortuum* de sa passion extravagante, et de sa concupiscence imaginaire.

Nous concluerons cette histoire en ajoutant seulement que la signora

G..... circoncisa une fois de plus le petit juif d'une manière peu chrétienne, en l'écorchant tout vif, par la soustraction du billet qu'elle n'avoit pas gagné, et en ne lui laissant d'autre fortune que ses os.

Nous allons maintenant parler de Madame P...pe.

Cette dame qui avoit épousé un sous-officier, auroit pu, par rapport à la beauté, disputer le pas avec *Heidegger :* elle étoit, peut-être, une des plus belles femmes de l'Angleterre ; ses traits étoient très-réguliers ; son port si majestueux, qu'il y a vingt ans, que le chevalier *Josué Reynolds* l'auroit supplié de lui faire la faveur de lui servir de modèle pour une Vénus de Médicis: ajoutez à cela, que son teint étoit véritablement le sien ; elle ne se servoit point de ces secours factices pour augmenter l'incarnat de ses joues ni le vermillon de ses lèvres attrayantes qui cachoient deux rangs de dents dont la blancheur surpassoit l'ivoir; sa taille étoit svelte et déliée ; son maintien agréable; en un mot, elle représentoit, sous tous les rapports possibles , la déesse de Paphos

La continence n'étoit pas au nombre de ses vertus ; et, quoiqu'elle fut très-passionnée des chiens, elle n'avoit point de justes prétentions à la parentée de Diane : en effet , le dur traitement de son mari, joint au désagrément de sa personne , pouvoit bien servir d'apologie excusable à son infidélité conjugale ; mais lorsqu'on ajoute à la conduite de son époux , le marché régulier qu'il a fait de sa femme , il semble alors qu'on ne doit point lui imputer les fragilités dont elle a été accusée.

(5)

Son mari la vendit trois cent livres
sterlings au juge H.....d ; elle lui
fut transférée d'une manière *légale* ou
illégale (nous ne prétendons pas le
dire) à *Shakespeare-Tavern*. Malgré le
mauvais traitement que madame P..pe
avoit reçu de son époux , elle ne
voulut pas le quitter à ces conditions ,
et elle lui dit , en pleurant : » Pou-
» vez-vous vous séparer de moi aussi
» facilement.

» A quoi il lui répliqua les expres-
» sions du lord *Lace* , dans la Farce
» de *The Lottery*. — Vous quitter
» aussi facilement !.... J'abandonne-
» rois tout votre sexe pour la moitié
» de la somme. »

Etant ainsi séparée , elle resta
néanmoins constante au juge H....d
pendant presqu'une année : il faut
avouer que, pendant ce tems, elle
ne pensa pas que trois cent livres

sterlings, fussent un prix suffisant pour ses charmes, tandis qu'elle dépensoit six fois davantage avec monsieur H....d. En effet, la volupté et l'extravagance sembloient être sa devise. Parmi d'autres témoignages en évidence de cette opinion, nous allons rapporter une anecdote que nous croyons véritable. Elle se promenoit, un après-dîner, dans un jardin, vers la fin d'avril ou au commencement de mai ; elle épia une seule cerise sur un arbre, de laquelle elle devint si passionnée, qu'elle dit au juge qu'elle mourroit, si elle ne l'avoit pas, lui donnant, en même-tems, à entendre, qu'elle croyoit que c'étoit une fantaisie de grossesse. Monsieur H....d, dont la passion pour elle étoit incroyable, n'apprit pas plutôt cette nouvelle, qu'il appela le jardinier, et lui demanda le prix qu'il vouloit de cette cerise. Le jardinier refusa d'abord de l'entendre ; mais à la longue, étant informé que la dame étoit enceinte, que c'étoit une fantaisie provenant de cet état, il consentit de laisser à Madame P...pe *la simple cerise à moitié mûre, pour le prix modéré d'une guinée.*

Elle quitta après Monsieur H....d, pour des raisons qu'elle jugea prudentes, car il ne pouvoit pas réellement lui offrir à chaque instant des cerises *mûres* ou *non mûres*, au prix d'une guinée chaque. Elle eut une variété d'amans, au nombre desquels étoit le lord *S....h*, à qui elle fut présenté par Madame *C....ns*, qui depuis quelque-tems, tient un hôtel dans Suffolk-Street ; et nous apprenons que cette dame avoit non-seulement le courage suffisant pour engager occasionnellement un premier lord de l'amirauté, mais tour-à-tour, tous les officiers de Coldstream, et même tout le Corps Diplomatique.

Mesdames P...pe et C...ce avec la signora *G....i* composèrent une coterie dans laquelle Miss Ray venoit souvent. Un certain marin avoit coutume d'assister fréquemment à leur bruit particulier, quoiqu'il les rendit ordinairement assez public par le battement des timballes, du prix, au moins, de trois faveurs par heure.

CHAPITRE XIV.

Abregé des mémoires de la signora Fr... si. Sa connoissance avec le lord S..... Son affection pour le capitaine B......p. Les fatals effets de sa générosité ; elle est enfermée pour dette ; elle trouve le signor Tend..ci dans la même situation. Histoire d'un auteur ; elle lui rend service. Préparation d'un duel : évènement risible.

Nous ferions injustice à la signora Fr...i, si nous oublions de la placer au rang des personnes dont nous avons parlé ; elle avoit environ vingt ans, lorsqu'elle fut regardé par les connoisseurs comme une des plus belle brune de l'Europe. Elle chantoit à l'Opéra, dans les oratorios et les concerts particuliers, et elle étoit jugée une des premières cantatrices ; elle avoit un avantage sur la plupart des Italiens, c'est qu'elle prononçoit l'anglais avec la plus grande pureté que nous ayons jamais entendu dans aucun chanteur étranger : en effet, une prononciation vicieuse, ne peut jamais en musique produire des sons véritablement harmonieux. Cette remarque fut justement faite par un gentilhomme dans un concert où l'on exécuta le *Carmen Seculare* ; les chanteurs, dont la plus grande partie étoit des étrangers, y écorchèrent la langue anglaise sans miséricorde.

Le but de la signora Fr..si, étoit de se recommander, par son talent, au lord *S.....h*, qui étoit un amateur reconnu aussi bien que professeur. La signora Fr...si n'eut jamais aucune

prétention extraordinaire à la chasteté ; et les douceurs qu'elle recevoit de son lord étoient, outre son
bon sens et sa politesse, des témoignages additionnels qui plaidoient en
sa faveur ; aussi, peu de mois après
leur connoissance, elle mit au monde
un beau garçon ; ce qui prouve que le
lord et la signora, dans leur exécution, avoient toujours été de l'accord
le plus parfait. Il fut certainemeut
très-heureux pour milord que ses talens aient été aussi étendus ; autrement le *duo* auroit été très-dissonant,
et n'auroit pas produit le moindre
effet. En un mot, la signora M....si
étoit si parfaitement habile dans sa
partie, qu'il lui falloit nécessairement,
pour bien l'accompagner, un amant
doué de qualités très-rares.

Ce fils fut employé dans la marine,
et nous croyons qu'il vit encore, car

nous ne voyons point son nom sur la liste mortuaire des officiers marins.

Quoique la signora Fr....si céda aux demandes du lord S.....h , il avoit trop d'occupation pour la visiter aussi souvent qu'elle y étoit disposée, pour exécuter les hymnes de Paphos ; en conséquence , elle admit pour le seconder le capitaine *B....r*, qui étoit un beau gentilhomme , et tout-à-fait de son goût. Comme le capitaine n'avoit pas d'autres moyens pour se soutenir, lui et une nombreuse famille , que sa paye , la signora lui transferoit souvent les dons que le lord lui faisoit ; et quelquefois sa bourse particulière étoit , dans des tems d'urgence , mise à contribution ; car les huissiers qui connoissoient la liaison du capitaine avec la signora , ne l'épargnoient pas, lorsque son tailleur ou son boucher avoient de la difficulté à obtenir le paiement de leurs mémoires. D'après ces exemples de générosité, Fr....si se trouvoit sans cesse dans le besoin, quoiqu'elle gagna des sommes considérables à chanter dans différens concerts particuliers. Elle fit connoissance avec un certain libraire, pas bien éloigné de *Ludgate-Hill*, qui fournit avec profusion à ses besoins ; mais elle continua toujours de se trouver dans la gêne, au point qu'elle se vit enfermée pour dettes. Elle passa, dans sa retraite, le tems assez agréablement ; comme Tend..ci se trouvoit pour le même sujet dans cet endroit, ils furent fréquemment visités par tous les artistes de l'Opéra, et ils faisoient de petits concerts dans leurs appartemens respectifs.

Elle fit, dans sa prison, la connoissance d'un malheureux auteur, qui, après avoir joué pendant deux ans à cache - cache, fut, conformément au jugement des baillis, enfin attrappé. Pendant plusieurs mois, il avoit renversé l'ordre du tems , c'est-à-dire, qu'il faisoit de la nuit le jour ; il se levoit ordinairement vers les six heures du soir, se rendoit au café, où il prenoit son déjeûner sous la dénomination de thé de l'après-dîner : dès qu'il avoit lu les papiers , il alloit se promener jusqu'à près de minuit ; il se transportoit ensuite chez Juppe, où on lui servoit à dîner au lieu du souper; il y restoit tant que la maison étoit ouverte , et il y buvoit deux ou trois pintes de bierre. Si l'on fermoit avant le tems fixe de son coucher , il visitoit *Brown-Bear* , où d'autres maisons de nuits , afin de completter le reste de sa soirée. Il est remarquable que, pendant près d'un an, un bailli, qui constamment avoit un ordre con-

tre lui , ne pût jamais le découvrir,
quoiqu'ils fussent si proches voisins,
qu'ils demeuroient sur le même plan-
cher , et occupassent les chambres
adjacentes; mais le poëte avoit changé
son nom , et c'étoit si bien déguisé
par sa mise , qu'il eut été impossible
de le reconnoître d'après la description de sa première splendeur. De sorte
qu'ils se rencontroient souvent ensemble dans l'escalier, et que Monsieur
S....r et monsieur Sm..th se faisoient,
en passant, des complimens de civilité.
L'indigence de monsieur S.....r étoit
si grande , que tout son linge ne
consistoit qu'en une chemise , ou
plutôt en un lambeau de chemise , ce
qui le réduisoit à la nécessité d'être
lui-même son blanchisseur. A la fin,
il composa un ouvrage qui lui produisit une somme considérable ; et
l'on peut dire que sa bonne fortune

causa sa ruine ; car s'étant alors proprement habillé , et paroissant dans
son premier éclat , Monsieur Sm..th ,
qui avoit eu connoissance de ses démarches , le suivit bientôt au café de
Bedford, et là, il le salua , pas tout-
à-fait aussi honnêtement qu'il avoit
coutume de le faire lorsqu'ils se rencontroient dans l'escalier de leur logement , quoique , par son apparence,
il sembla avoir plus de titre à une
conduite plus polie , que celle qu'il
lui faisoit auparavant , lors de sa mé-
diocrité.

L'entrevue fut surprenante, lorsque Monsieur Sm...th découvrit que
son ancien voisin étoit justement la
personne qu'il cherchoit ; et S....r ne
fut pas moins étonné de se trouver son
prisonnier après avoir été aussi long-
tems en son pouvoir, sans le moindre
trouble ou poursuite , au point qu'il

se croyoit, pour ainsi dire, tout-à-fait débarassé de ses recherches.

La générosité de la signora Fr...si se montra en cette occasion, et elle invita Monsieur S...r de manger avec elle pendant tout le tems de sa détention; cette invitation lui fut d'un grand secours, car il ne possédoit, pour exister pendant quelques mois, qu'une pièce de quatre sols.

Tend.ci, qui se croyoit un potentat dans la prison, s'introduisit un après-dîner dans l'appartement de la signora Fr....si; et quoique relativement à la règle des prisonniers, le couteau arrêta la porte, ce qui étoit la marque que le devoir conjugal avec ou sans licence, ne devoit pas être interrompu, il enfonça la porte, il entra dans la chambre à coucher, et surprit Monsieur S....r dans les bras de sa bienfaitrice et de sa dulcinée. M.

S....r ressentit sur-le-champ une telle insulte, et il appella Tend..ci un j... f..... ; cette expression mortifia plus le demi-eunuque, que toute autre phrase que S....r auroit prononcé ; il en appella au jugement de la signora, qui lui répliqua malicieusement : « Non, non, vous chantez comme » un ange, aussi bien couché que » levé ; » il ne fut cependant pas content de cette réponse, et il insista pour en avoir satisfaction. S...r consentit de la lui donner ; alors Tend.ci apporta une paire de pistolets chargés. Fr...si voyant que l'affaire devenoit trop sérieuse, et ne voulant pas perdre aucun de ses amans, parce qu'ils avoient tous les deux, suivant elle, leurs agrémens respectifs, appella à son aide toute sa rhétorique pour les dissuader de l'action téméraire qu'ils alloient entreprendre ; mais ce fut en vain ; ils étoient trop résolus de se venger l'un et l'autre. En conséquence, Tend..ci, qui étoit de la croyance romaine , se retira dans son appartement pour dire quelques *Ave maria* , afin que ses bottes fussent bien graissées pour le voyage qu'il alloit vraisemblablement faire , et Monsieur S.....r , de son côté , qui étoit un homme d'une propriété considérable , malgré qu'il fut enfermé dans un séjour misérable , et qu'il attendit un acte d'insolvabilité pour en sortir, se rendit dans sa chambre pour faire son testament en faveur d'un enfant naturel qui étoit alors dans l'hôpital des Enfans-Trouvés. Il est bon cependant de remarquer que ses legs consistoient en quelques manuscrits précieux qu'il avoit composés pendant sa retraite.

Les champions, en se retirant, avoient

laissés les pistolets sur la table de la signora Fr...si. En les voyant, elle pensa que le seul moyen d'empêcher l'effusion du sang, étoit de les décharger, ce qu'elle fit avant le retour des combattans ; cependant elle laissa l'amorce, parce qu'il ne pouvoit s'ensuivre aucun accident fâcheux.

Tend,.ci et S...r de retour, saisirent avec empressement leurs pistolets dans le dessein de vuider leur différend. La signora Fr...si étoit présente pour voir leur jeu. Ils tirèrent ensemble, mais aucun des pistolets ne partit ; alors la signora jettat des éclats de rire, en leur disant : « Je » vois que vous êtes tous les deux » dans la même situation ; malgré » votre bravade, vous trembliez fu- » rieusement l'un et l'autre dans » votre peau.

CHAPITRE XV.

Histoire d'un personnage noir qui a fait quelque bruit dans le monde : son origine. Pourquoi un prince l'adopte et lui donne son nom. Sa grande fortune en Angleterre : il est fêté par une certaine duchesse qui lui donne une éducation polie : son succès avec le beau sexe : Aventure très-curieuse à Greenwich.

Tous ceux qui, il y a quelques années, ont fréquentés les gens de ton, doivent se rappeler un personnage très-extraordinaire, qui parcouroit les rues de cette capitale dans un élégant équipage, traîné par de beaux chevaux bruns, et ayant derrière des

laquais avec de superbes livrées. Qui
est-ce ? s'écrie, monsieur *Julep*, qui,
en voyant son teint, s'imaginoit qu'il
pourroit trouver quelques moyens de
s'introduire au moins comme un apo-
thicaire, s'il ne le pouvoit comme
chirurgien. « Eh bien, Monsieur,
» reprit Monsieur *E....d*, je vous di-
» rai qui il est : ce n'est point Omaï ;
» non, ni le prince de de.... Oro-
» noko qui étoit ici il y a quelques
» années ; il est prince de Ana-Ana-
» mabo ; il vient ici pour faire la
» paix ou la guerre avec le *premier*
» et le reste des hommes, pour n'a-
» voir pas convenablement protégé
» les forts et dominations de son
» père. Rappellez-vous l'histoire de
» *Zanga*, et nous devons trembler....
» Je ne connois rien de l'histoire de
» *Zanga*, dit Monsieur Julep, mais
» je n'aime point sa visite ici, dans

» un tems aussi critique. Tous les
» étrangers devroient donner un récit
» très-particulier d'eux-mêmes, sur-
» tout, quand leur teint est si dif-
» férent du nôtre. Je ne vois jamais
» un homme très-basanné, qu'il ne
» me paroisse un étranger, et que je
» ne m'imagine qu'il a des desseins
» sinistres. Que dois-je donc penser
» d'un noir, prince ou non prince,
» si bien habillé, et roulant dans
» un équipage aussi brillant ? —— Je
» puis vous assurer que ses desseins
» sont très-amicales, et qu'il est de
» notre intérêt de cultiver, par son
» moyen, l'amitié de son père ; le seul
» danger est, que si nous refusions
» ses offres, nous l'exciterions, par
» vengeance, à suivre l'exemple des
» Américains, et à se joindre aux
» Français. » Le sujet fut ainsi terminé à la satisfaction mutuelle.

Mais que penserez-vous, lecteur, si, après ce débat, il étoit un prince noir Européen, et ce qu'il y a de plus extraordinaire un prince français. Le nom de *S . . . se* est connu de tout le monde; il se brûla le sang dans les guerres de Flandres; et, si nous ne sommes pas mal informés, il a, dans cette capitale, terni en quelque sorte sa réputation, si ce n'est pas son teint, dans les guerres de Vénus.

A parler sérieusement, ce personnage extraordinaire n'est ni plus ni moins que le fils d'un domestique du prince de S...se, qui, par égard pour la fidélité de son domestique nègre, fut, par procuration, le parrein de son fils et lui donna son nom. Ils passèrent en Angleterre pour s'introduire dans les nobles familles. Le jeune S...se qui, à ce tems, n'avoit pas de plus hautes prétentions que la

servitude commune, s'adonna au co-
cuage comme la recommandation la
plus favorable en sa faveur. Cependant son père obtint, par un caprice
étrange, une place dans la maison d'une
certaine duchesse, à présent morte,
qui prit un soin particulier de son enfant, et qui, aulieu de le laisser
dans sa basse extraction, le plaça
dans une école célèbre, proche Soho-
Square, où il apprit à danser, à faire
des armes et à monter à cheval. Il
étoit alors dans l'âge de virilité;
mais ayant fait des progrès considérables dans ses études, il commença
à croire qu'il étoit supérieur à ses
camarades, et les traitoit en conséquence avec mépris. Quelques-uns
ressentirent ces injures personnelles;
mais ayant entendu parler de son habileté à faire des armes d'où il sortoit
toujours triomphant, ils refusèrent

C

d'en venir aux extrémités. Ajoutez à cette supériorité qu'il avoit sur les enfans de son âge, que ses talens et son génie lui avoient tellement obtenu les bonnes graces de la duchesse, qu'elle ne le laissa pas manquer d'argent, et lui donna même un voiture pour son usage.

Mungo alors se livra sans réserve aux plaisirs et extravagances que lui offroit la capitale. Sa figure étoit très-bien connue dans les maisons de divertissemens qui sont aux alentours des spectacles ; il fréquentoit constamment les marquarades du Panthéon et Cornélie, où il jouoit si naturellement le rôle de *Mungo*, que l'on ne l'appela plus, par la suite, que par ce nom ; il fut bientôt initié dans les couvens de King's-Place et dans les nouveaux séminaires, les abbesses lui ayant fréquemment fait l'honneur de se promener avec sa voiture dans Hyde-Park, ou autres endroits; d'après cela, on peut aisément conclure que ses visites n'étoient pas purement du genre platonicien. — Non, son ame étoit remplie de feu, et il étoit un des Enfans du Soleil. Sa personne étoit aussi embràsée que son teint; et les Annales de King's-Place disent qu'il se réjouissoit beaucoup au milieu des charmes de la beauté bigarrée; cependant, malgré son teint, toutes les nonnes des différens séminaires se trouvoient très-honorées d'être distinguées du prince de S...se. Madame *L.w.ot.n*, Miss *B..t..n*, Miss *K...g*, Miss *H..ph..ys*, Miss *K....y*, et même Miss *Emily C..lth..st*, ne regardoient point comme un déshonneur de céder aux instances de sa hautesse : ses poches étoient toujours remplies d'or, sa voiture étoit à leur service, et ces dames lui donnoient des preuves de leur attachement pour ses qualités et ses capacités : de telles partialités ne pouvoient manquer de le recommander puissamment sur-tout à ces *Filles de joie*, dont les seules vues sont concentrées dans le gain, et qui ne considèrent jamais la constitution, le teint, l'âge ou les infirmités de leurs adorateurs ; d'ailleurs, si Mungo n'avoit pas la beauté, il étoit jeune, vigoureux et fort bien fait : est-il donc surprenant, qu'en imitation de *Desdemona*, elles donnassent la préférence à un autre *Othello*, sur plusieurs autres amans insipides et énervés ?

L'ame ambitieuse de Mungo ne se fixoit pas seulement aux simples grisettes, elle prit un vol plus élevé. On rapporte de lui une histoire que nous ne prétendons pas vérifier, quoiqu'elle ait été répandue avec beaucoup de profusion; mais pour illustrer son caractère, nous allons raconter cette aventure qui arriva, dit-on, dans les jours de Pâques, près de Blackheath. Miss S...., dame bien connue dans les alentours de Greenwich, accompagnée de sa femme-de-chambre, étoit, ainsi que sa confidente, déguisée; elles se promenoient toutes les deux dans Greenwich-Parc et prenoient part aux divertissemens innocens de la fête; elles y rencontrèrent Mungo et un de ses amis qui passoient pour des officiers marins, et qui leur dit qu'ils revenoient d'un long voyage qui leur avoit été très-avantageux, qu'ils apportoient avec eux beaucoup d'or et les témoignages les plus authentiques de la virilité la plus robuste. Miss S... désiroit pousser la folie aussi loin qu'elle le pourroit avec décence, et satisfaire sa curiosité et son inclination avec une personne du teint de Mungo: la suivante qui avoit aussi prit fantaisie pour le compagnon du prince qui étoit dans la fleur de son printems, persuada sa maitresse de se rendre à Greyhound, où elles trouveroient un repas froid, qui seroit bientôt après suivi d'un plus chaud, ce qui fut approuvé sur le champ de toute la compagnie, de sorte que les belles, satisfaites de l'assaisonnement du repas, pensèrent qu'un second et même un troisième service ne surchargeroient pas trop leurs estomacs. Les héros ne sachant pas qu'elles étoient leurs aimables associées, ouvrirent leurs bourses et leur offrirent une forte somme qu'elles refusèrent absolument; mais quel fut leur étonnement, lorsqu'ayant demandé la carte, on leur dit que les dames avoient tout payé. Dès que ces deux jeunes personnes furent parties , Mungo et son ami désirêrent beaucoup de savoir en qu'elle compagnie ils avoient été ; ils appellèrent, à cet effet, le garçon , et ils ne furent pas moins surpris lorsqu'ils apprirent que c'étoient Miss S . . . r et sa suivante. Cette aventure fit beaucoup de bruit dans Greenwich.

CHAPITRE XVI.

S...se prend la résolution de rendre ses hommages, en forme, à une dame de rang, de fortune et d'une grande beauté ; il tâche d'augmenter sa fortune d'une manière extra-ordinaire : son succès apparent. Lettre très-curieuse : son effet ; réponse encore plus curieuse ; la conséquence ; elle se termine par une scène très-gaie à la mascarade du Panthéon.

CETTE aventure avoit tellement enflé la vanité de Mungo, qu'il commença à croire qu'il avoit le mérite et les accomplissemens suffisans pour le recommander d'une manière honorable à une dame de fortune et de ton. Il convenoit cependant, malgré sa dernière et bonne aventure dans King's-Place et à Greenwich, que son teint étoit d'une couleur trop noir; ayant donc lû dans les nouveaux papiers des annonces de remèdes, pour renouveller non seulement la beauté, mais pour la créer, ainsi que le teint, il commença à se persuader qu'il avoit trop négligé d'augmenter ses charmes, d'autant qu'il pensoit sérieusement qu'il pourroit *secundum artem*, de noir qu'il étoit devenir blanc : en conséquence, il lut avec beaucoup d'attention tous les papiers dans lesquels il étoit question de ces remèdes, car il avoit pris la ferme résolution de ne rien épargner pour devenir un joli garçon tout-à-la fois.

Il fit donc une ample provision de pommade, d'eau et autres remèdes

pour la beauté ; il commença sérieusement à s'occuper de cette affaire pé-
nible. La première semaine il eut les
plus grandes espérances de succès ;
mais la composition du remède, étant
d'une nature très-corrosive , répan-
dit sur sa peau une espèce de teigne
qui lui fit imaginer que c'étoit le premier pas vers la beauté ; il fut si fier
de cette attente, qu'il n'hésita pas un
moment d'écrire une lettre très-curieuse à Miss G...., femme très-cé-
lèbre par sa beauté et jouissant de
3o,ooo livres sterlings. Il y a tout-à-
la-fois dans cette lettre une naïveté
et une impudence qui excitera la curiosité du lecteur.

Chère Miss,

« Je vous ai souvent regardé en
» public avec ravissement ; en effet,
» il est impossible de vous voir sans

» éprouver des émotions qui doivent
» animer le sentiment de tout homme.
» En un mot, Madame, vous avez
» saisi mon cœur, et j'ose vous dire
» que je suis votre *esclave nègre.*
» Vous vous étonnerez, Madame,
» de cette expression, mais j'aime à
» être sincère. Je suis de cette race
» basannée d'Adam que quelques
» personnes méprisent par rapport à
» la couleur de leur teint ; mais je
» commence à découvrir d'après l'ex-
» périence, que cette épreuve de no-
» tre patience ne doit durer que pen-
» dant un tems, attendu que la Pro-
» vidence a donné à l'homme des
» connoissances pour remédier à tous
» les maux de cette vie ; il n'est point,
» sous le soleil, d'infirmités qui, par
» l'industrie et l'habileté de l'homme
» instruit, ne puissent être guéries ; de
» même je trouve d'après de sembla-

» bles exemples dans les recherches
» de la médecine, des découvertes
» ingénieuses pour détruire la couleur
» basannée de tout teint quelconque,
» sur-tout si ces remèdes sont em-
» ployés avec habileté et persévé-
» rance. Je suis maintenant, ma
» chère Miss, dans ces médicamens,
» et j'espère, dans peu de semaines,
» être en état de me jetter à vos pieds,
» et vous montrer une figure aussi
» agréable que vous pouvez la desi-
» rer ; en même tems, croyez-moi
» avec la plus grande sincérité, mon
» aimable ange,

 » Votre très-dévoué serviteur,

    » S . . . s e. »

Cette épître extraordinaire produisit un effet risible et bisarre sur la
personne de Miss G..... : elle étoit à
prendre le thé avec une de ses inti-
mes amies lorsqu'elle la reçut : à

       peine

peine en avoit-elle lû la moitié, qu'elle se mit à rire d'une si grande force, que son amie, involontairement, fit de même, sans en savoir le sujet, et que le domestique qui attendoit la réponse, fut saisi de la même convulsion risible, malgré qu'il mordit ses lèvres de mécontentement. Lorsque cette convulsion contagieuse, qui souvent se communique comme le bâillement, fut passée, Miss W...ms demanda à Miss G..... le motif de son rire; elle lui présenta la lettre en lui disant : « Empêchez-vous de rire, » si vous pouvez. » Après la lecture, le rire fut dix fois plus fort, et le domestique fut forcé de quitter la chambre de crainte d'accident urinaire.

-Dès qu'il ne fut plus en leur pouvoir de rire, elles commencèrent à se consulter sur la manière de ridi-

culiser complettement un noir, dans tous les sens du mot, aussi imperti-nent, aussi vain et aussi présomp-tueux : « Allons, dit Miss W....ms,
» donnez-moi une plume, de l'encre
» et du papier. Je veux avoir la pre-
» mière touche du Prince-More, et
» je ne doute point que vous ne
» soyez capable de la perfectionner.»
En disant ces paroles, elle se mit à une table ou tout étoit disposé pour écrire, et elle fit la réponse suivante.

MONSEIGNEUR,

« J'étois loin de penser à l'honneur
» inattendu que vous daignez me
» faire ; et je trouve que la vanité
» femelle, qui est si prédominante en
» nous, ne peut pas résister à la pre-
» mière impulsion de me reconnoître
» si transportée de cette faveur, pour
» vous écrire avec cette froideur que

» je désirerois En effet, votre Gran-
» deur doit être aveugle (pardonnez-
» moi l'expression) de m'avoir envi-
» sagée dans un point de vue favora-
» ble ; cependant j'en veux chérir la
» pensée ; mon ambition y est trop
» fortement intéressée, et je vous
» avoue franchement que votre altesse
» ne peut trop promptement venir
» s'emparer de la main, lorsqu'il a
» déjà fait la conquête du cœur. Je me
» flatte que la présente trouvera vo-
» tre teint entièrement réconcilié avec
» vos desirs. Quant à moi, je con-
» fesse qu'un homme noir fut tou-
» jours le favori de mes affections,
» et que je ne vis jamais soit *Oroo-*
» *noko* ou *Othello* sans ravissement ;
» mais de crainte que vous n'ima-
» giniez que je n'aie point, à cet
» égard, vos souhaits les plus ardens
» à cœur; je vous envoi inclus un

» petit paquet * (dont je fais moi-
» même usage lorsque je vais à une
» mascarade) qui produira l'effet dé-
» siré dans le cas ou vous ne seriez
» pas satisfait de vos remèdes. Servez-
» vous-en à l'instant, je vous en sup-
» plie, afin que je puisse avoir le
» plaisir de vous voir le plutôt pos-
» sible, car je languis après le bon-
» heur de vous dire, de vive voix,
» combien je vous adore. Croyez-moi
» votre très-dévouée servante,

» G . . . . . »

Miss W...ms n'eut pas plutôt écrit
ce billet, qu'elle en fit la lecture à
Miss G...., qui ne put s'empêcher
d'admirer la vivacité de son imagination et le sel de l'ironie ; elle craignit que Mungo n'eut pas assez de

---

* Un paquet de carmin et de poudre
perlée.

pénétration pour l'envisager de cette manière ; et que prenant la chose au sérieux, il ne vint la tourmenter de ses visites ridicules et impertinentes. Miss W...ms la rassura en lui disant qu'elle prenoit tout sur elle, et qu'elle le recevroit masquée, en son lieu et place. Miss G.... consentit donc à envoyer le billet avec le petit paquet. Cette pensée en fit naître une autre, qui étoit d'aller le lendemain masquées au Panthéon, et de tirer une vengeance plus complette de la personne du prince.

L'infortuné prince S...se n'eût pas plutôt reçu cette réponse qu'il ressentit jusqu'au fond de l'ame le piquant de cette satyre ; ce qui le fâcha davantage fut qu'étant alors en compagnie avec son ami Greenwich, à qui il n'avoit pas encore communiqué le changement qu'il se flattoit d'opérer sur son teint ; et que lui ayant, sans précaution, montré la lettre de Miss W...ms, son ami confident fut si réjoui de la folie et impertinence de S.. se, d'un côté, et de la replique amère de la jeune personne, qu'il sembla avoir attrapé la même impulsion des dames, et ne put s'empêcher de rire aux éclats.

Cette conduite, dans son ami, jetta S...se dans des convulsions inexprimables ; il brûla la lettre et le paquet qui lui étoit tant recommandé ; alors cherchant ses pommades et autres remèdes, il les jetta pareillement dans le feu ; tombant ensuite sur un sopha, il se livra au plus grand désespoir, maudissant tout le sexe, et ajoutant qu'il n'y avoit plus d'amitié dans le monde.

Greenwich fut choqué de cette expression pour deux raisons, la première, parce qu'il n'avoit pas eu l'intention de l'offenser ; la seconde, parce qu'il dépendoit, en quelque sorte de lui. Il jugea donc prudent de tâcher de lui donner quelque consolation dans sa douleur présente : sachant que rien ne pouvoit lui procurer de plus grande satisfaction qu'une mascarade, il informa S...se qu'il devoit y en avoir une le lendemain soir au Panthéon, et que si cela lui étoit agréable, ils s'y rendroient ensemble de bonne heure, afin d'avoir le choix des habillemens et masques. La mention d'une mascarade porta la joie dans son cœur, et chassa de son ame toute les idées désagréables qui l'assiégeoient peu d'instans auparavant.

Les deux amis allèrent donc le lendemain au Panthéon. Il est bon de mentionner que Miss G.... et Miss.

W...ms n'avoient pas manqué de s'y rendre. S...se prit l'habillement d'un Sultan, et, par le même hasard, Miss G.... choisit celui d'une sultane. Ces habillemens étoient si riches, qu'ils fixèrent l'attention de toute la compagnie. Miss G.... n'eut pas plutôt jetté les yeux sur S...se, qu'elle le reconnut à travers les ouvertures de son masque. S...se, enchanté de l'élégance, tournure de cette dame et de la richesse de son accoutrement, l'aborda dès qu'il l'apperçut, comme sa sultane favorite de la nuit.

Rien ne pouvoit fournir à Miss G.... d'occasion plus heureuse pour le railler. S...se lui fit mille complimens et lui dit, entre autres choses, qu'il lui avoit réservé le mouchoir. Miss G.... lui ordonna de se retirer, en lui repliquant qu'il étoit un imposteur; qu'elle s'appercevoit qu'il n'étoit qu'un Eunuque noir déguisé , et qu'elle informeroit le Grand Seigneur de l'outrage qu'il faisoit à sa sublime Grandeur en paroissant ainsi sous son nom; qu'il seroit dépouillé de sa peau, afin, ajouta-t-elle d'un autre ton de voix : « De vous épar- » gner les épreuves que vous aviez » déjà commencées sur vous-même, » pour vous procurer un déguisement » plus avantageux ; et, pour que » vous ne paroissiez pas si horrible » lorsque vous paroitrez dans le sé- » rail, je vous enverrai quelques- » uns de mes remèdes. »

S...se ne put en entendre davantage; chaque mot étoit des coups de poignard qui lui perçoient l'âme, il se retira précipitamment, et il n'a jamais eû depuis le moindre goût pour les mascarades.

CHAPITRE XVII.

Réflexions sur l'utilité et l'avantage des séminaires publics ; relation historique du traitement, des honneurs et hommages des courtisannes d'Athènes

---

L'ÉTAT présent de la galanterie étant maintenant mis au jour, nous allons considérer quels avantages ou quels maux peuvent en résulter dans les pays les plus policés ; la police veille sans relâche sur toutes les maisons d'intrigues. Sous le règne d'Elisabeth, les séminaires étoient soufferts dans différens endroits de la capitale. En France, qui est universellement regardé le royaume le plus policé du monde, les sérails, comme nous l'avons déjà mentionné, y sont non seulement maintenus, mais même protégés. Dans les principales villes de la Hollande, on a assigné plusieurs endroits particuliers pour la résidence des courtisannes, et elles ne doivent paroître que dans ces demeures ; à Venise ; elles sont souffertes sous la condition de porter des bas de deux couleurs différentes. Enfin, la prostitution femelle a été considérée par tous les sages législateurs comme un mal nécessaire, afin d'én éviter un plus grand que l'on peut facilement supposer. Les hommes, dans les différentes situations de la vie, sont si sujets aux évènemens, qu'il seroit quelquefois très-imprudent pour eux d'entrer dans l'état du mariage ; les alliances de famille semblent les avoir destinés pour une union particulière ; mais l'indigence peut leur faire envi-

sager les difficultés qui, naturellement, proviennent d'une union conjugale. D'ailleurs, aucun objet femelle peut ne pas avoir assez suffisamment fixé leur attention, pour
créer en eux une passion permanente
ou solide, ni assez forte pour les engager à former un lien aussi important
et aussi indissoluble que celui du
mariage. Enfin, par une variété de
causes et de circonstances, il peut
paroître raisonnable à plusieurs hommes de garder le célibat, quoiqu'ils
puissent être animés par les passions
amoureuses les plus violentes. Dans
l'état de mariage même, il arrive
souvent qu'un homme, qui a pour sa
femme l'estime la plus sincère, peut
être privé de la jouissance des plaisirs de l'hymen, par la maladie, l'absence, et une variété d'autres causes
temporaires que l'on peut facilement

concevoir. Si dans quelques-unes de ces situations un homme ne pouvoit pas trouver un soulagement temporaire dans les bras d'une prostituée, la paix de la société seroit beaucoup plus troublée qu'elle ne l'est. Le brutal ravisseur, rompant alors tous les liens du bon ordre, et semblable aux animaux féroces, exerceroit, sans aucun égard, la violence de sa passion; la femme de l'homme, la sœur ou la fille ne seroient plus en sûreté ni respectées; la scène de l'enlèvement des Sabines seroit chaque jour exécutée; et l'anarchie et la confusion s'ensuivroient. Sous ce rapport, la prostitution femelle doit du moins être tolérée, si elle n'est pas protégée; et, quoiqu'elle soit regardée un mal moral, certainement elle est un bien politique.

Arrêtons-nous, pour un moment,

à l'opinion qu'avoit à ce sujet le peuple sage d'Athènes. Les courtisannes y figuroient avec grand éclat ; et le lecteur peut satisfaire sa curiosité en recherchant par quels moyens cette classe de femmes, qui avilissoit leur propre sexe, et en quelque sorte faisoit horreur au nôtre, obtenoit, dans un pays ou les femmes en général se distinguoient par leurs mœurs rigides, l'estime et souvent le plus haut degré de félicité. D'après les recherches, on peut y assigner différentes raisons ; la première, que les courtisannes faisoient partie des cérémonies religieuses. La déesse de la Beauté, qui avoit des autels consacrés à son culte, et que les Athéniens adoroient, étoit regardée comme leur patrone. Le peuple invoquoit Vénus dans les tems du plus grand péril. La grande réputation de *Mil-*

tiade et de *Thémistocle* fut généralement due aux Laïs qui, après leurs batailles, chantoient des hymnes en l'honneur de la Déesse, et célébroient de cette manière leurs victoires. Les courtisannes furent également liées à la religion par le rapport des arts : elles s'offroient pour servir de modèles aux statues de Vénus qui, ensuite, étoient adorées dans les temples. Phrynie servit de modèle à Praxitéles pour la Vénus qui lui fit tant de réputation; et, durant les fêtes de *Neptune, à Eleusis, Appelle,* ayant vû cette même courtisanne courir le long des bords de la rivière, fut si frappé de sa beauté, que d'après l'idée de ses charmes il fit Vénus sortant des flots.

Elles étoient ainsi de la plus grande utilité aux peintres et aux sulpteurs à qui elles fournissoient les idées de la beauté la plus transcendante, et elles contribuoient beaucoup à embellir leurs ouvrages ; elles étoient, en outre, de grandes musiciennes, tant pour la voix que pour les instrumens. L'art de la musique qui étoit en si grande estime dans la Grèce, communiquoit des charmes additionnels à leurs qualités personnelles.

L'enthousiasme des Athéniens pour la beauté étoit si grande, que leur imagination exaltée étoit poussée jusqu'à l'idolâtrie dans leurs temples qu'ils ornoient des chefs-d'œuvres des artistes ; elle faisoit le principal objet de leur contemplation dans leurs jeux et exercices ; ils lui décernoient des prix dans leurs fêtes publiques, et elle étoit la fin dernière de leurs cérémonies matrimoniales. Cependant il convient d'observer que quant à ce qui regarde la partie immaculée du sexe, la beauté solitaire étoit néces-

sairement ignorée et cachée de l'œil
général, tandis que les charmes des
courtisannes étoient exposés aux re-
gards des spectateurs et attiroient
l'hommage général.

Le commerce de la société peut seul
développer les charmes enchanteurs
de l'esprit. Le sexe étoit exclu de
ce privilège. Les courtisannes seules
avoient le droit de vivre publique-
ment dans Athènes; elles entendoient
involontairement les disputes Philo-
sophiques, les débats Politiques et
la lecture des ouvrages Poëtiques;
elles prenoient pour ainsi dire imper-
ceptiblement du goût pour la science;
il s'ensuivoit nécessairement que leur
esprit se perfectionnoit, et que leur
conversation devenoit plus brillante.
Leurs maisons, par la suite, furent
des Académies de passe-tems clas-
sique, où les poëtes se rendoient

pour y trouver les Muses et les Grâces. On y voyoit fréquemment la satyre accompagnée de son véritable sel attique, pour donner du goût au repas littéraire : les plus grands philosophes mêmes ne regardèrent pas au-dessous de leur dignité rigide de s'y trouver. *Socrate* et *Périclès* se rencontrèrent souvent dans la maison d'*Aspasie*; et nous avons vu, de nos jours, un exemple semblable dans la personne de *St.-Evremont* qui rendoit de fréquentes visites à la célèbre *Ninon de l'Enclos*. Cette délicatesse d'expression, ce rafinement de goût que possède seul le beau sexe y étoient saisis avec rapidité; en retour, la réputation d'un demi savant recevoit un lustre emprunté de ces hôtes distingués.

La Grèce étoit gouvernée par des hommes d'élocution, des orateurs et des rhétoriciens habiles. Les courtisannes ayant un ascendant puissant sur les plus célèbres logiciens, avoient conséquemment une influence considérable dans le gouvernement de l'état. *Démosthène*, la terreur même des tyrans, fut forcé de se soumettre à l'impulsion de leurs charmes, et à la tyrannie de la beauté ; et on a dit de lui, avec une vérité juste et piquante: « Que l'étude des années fut énervée » dans la conversation d'une heure » avec une jolie femme. »

A Delphe, on éleva à la mémoire de Phrynie une statue d'or entre les mausolés de deux rois. La mort de plusieurs courtisannes fut suivie de monumens magnifiques pour en rappeler le souvenir, tandis que plusieurs héros qui moururent pour la défense de leur pays, furent en un instant oubliés, sans qu'on leur érigea une seule pierre pour attester l'endroit où ils furent enterrés.

Enfin les lois et institutions en autorisant la solitude du sexe féminin, imprima au mariage l'idée d'un trésor inestimable. Mais dans Athènes, l'imagination, le goût des beaux arts, la soif insatiable des plaisirs de tout genre, semblèrent se révolter contre les lois ; et les courtisannes furent appelées, pour ainsi dire, pour être les protectrices des mœurs et caractères du tems. Le vice, banni de la vie domestique , ne troubla plus le bonheur des familles ; mais le vice, sous le toît paternel, fut toujours regardé criminel. Par une bisarrerie étrange et inexprimable , le sexe masculin étoit véritablement corrompu, tandis que les mœurs domestiques étoient extraordinairement rigides. Les courtisannes étoient esti mées selon leurs attractions, ce que les Français ont heureusement appelé *agrémens*, tandis que les autres femmes n'avoient d'autre droit au mérite que celui auquel elles prétendoient par leur vertu. D'après ces différentes circonstances, nous pouvons calculer les honneurs que les courtisannes ont si fréquemment reçus dans la Grèce ; autrement, il auroit été difficile de concevoir comment six ou sept auteurs ont consacré leur plume à les célébrer ; comment trois des peintres les plus célèbres ont dévoué leurs pinceaux pour en représenter les traits ; comment plusieurs poëtes Grecs ont invoqué leurs muses pour les chanter ; en un mot, il seroit très-difficile autrement, d'assigner la cause, pour laquelle les plus grands hommes, avec l'avidité la plus subtile, visoient à s'introduire dans leur compagnie ;

pourquoi Aspasie étoit le seul hérault de la paix ou de la guerre ; pourquoi Phrynie avoit une statue d'or élevée à sa mémoire. Le voyageur mal instruit qui s'approche des murs d'Athènes, et qui dans l'éloignement , apperçoit ce monument , s'imagine que c'est la tombe de *Miltiade* , de *Périclès* , ou de quelqu'autre héro également re-nommé ; mais lorsqu'il s'en approche de près, il est surpris de voir que c'est le mausolé d'une courtisanne Athé-nienne , dont la mémoire est si pom-peusement blasonnée. De tous les guer-riers renommés qui ont combattus pour leur pays dans l'Asie , il n'y en a pas un dont les actions glorieuses soient représentées par un monument, ou dont les cendres aient été jugées dignes d'un panégyrique futur. Ainsi donc , tels étoient les honneurs rendus par ce peuple enthousiasme , voluptueux et sensuel à l'éclat de la beauté.

CHAPITRE XIX.

Projets avantageux de Charlotte pour faire une nouvelle recrue de nonnes fraîches : ses succès : son invitation à un grand banquet doucereux, dans lequel elle se personnifie la reine Oberea. Ses augmentations sur les rites de Vénus tels qu'ils sont exécutés à Otaïti. Description d'une scène lubrique fondée sur la philosophie la plus orthodoxe.

Nous allons rendre une dernière visite à Charlotte Hayes, avant qu'elle ne quitte King's - Place ; cependant comme elle étoit résolue avant de se retirer du commerce de faire quelques coups d'éclat, elle commença d'abord par recruter de deux manières différentes de nouvelles nonnes toutes fraîches pour son séminaire ; la première, par la visite des registres d'offices ; la seconde, par les avertissemens insérés dans les papiers publics. Nous allons donner une idée de ces deux opérations.

Charlotte s'habilla d'une manière simple ; et ressemblant, par sa mise et son maintien, à la femme d'un honnête négociant, elle alla dans les différens bureaux des registres d'offices, aux alentours de la ville, demandant une jeune personne âgée de vingt ans, pleine de santé, dont le principal emploi seroit de servir une dame qui demeuroit chez elle au premier étage ; quelquefois elle jugeoit convenable de rendre sa locataire malade au point de garder le lit ; d'autrefois, elle la rendoit vaporeuse ; mais les gages étoient forts, et bien au-dessus du prix ordinaire : afin d'amener son plan à exécution, elle prit des logemens et même de petites maisons agréablement meublées dans les différens quartiers de la ville, de crainte que le caractère de son séminaire, si on fut venu prendre des renseignemens dans le voisinage, n'eut donné de l'allarme, et n'eut empêché l'accomplissement de son dessein. Lorsque quelque fille honnête, d'une figure jolie et annonçant la santé, se présentoit à elle, elle la retenoit toujours pour la dame qui demeuroit au premier étage, qui étoit très-mal et qu'elle ne pouvoit pas voir ; mais elle lui disoit qu'il falloit que la servante couchat auprès d'elle, parce que ses infirmités étoient si grandes, qu'il étoit important qu'elle eut, pendant toute la nuit, une personne pour la veiller.

F

Les préliminaires furent ainsi établis ; comme les servantes vont généralement le soir prendre possession de leurs places, la fille innocente, qui s'étoit présentée à elle, fut conduite dans une chambre très-sombre, parce que les yeux de la dame étoient dans un si triste état, qu'ils ne pouvoient pas supporter la lumière. A dix heures toute la maison étoit tranquille, et chacun paroissoit être livré au sommeil ; mais avant de se livrer au repos, on avoit eû un bon souper. On accorda à la fille, qui avoit un fort bon appétit, la permission de souper avec Madame *Charlotte* ; on lui donna de la forte bierre, et, pour lui montrer qu'elle seroit bien traitée, on la favorisa d'un verre de vin ; les esprits de *Nancy* étant ainsi animés, elle se coucha dans le lit qui étoit dressé auprès de celui de sa vieille maitresse supposée. Quand, hélas ! la pauvre innocente fille se trouve dans son premier sommeil entre les bras du lord *C....n*, du lord *B....ke* ou du colonel *L......*, elle se plaint de la supercherie ; les cris qu'elle jette n'apporte aucun soulagement à sa situation, et, voyant qu'il lui est inévitable d'échapper à son sort, elle cède probablement. Le lendemain matin, elle se trouve seule avec quelques guinées, et la perspective d'avoir une nouvelle robe, une paire de boucle d'argent et un mantelet de soie noire. Ainsi trompée, il n'y a plus de grandes difficultés de l'engager à quitter cette maison, et de se rendre dans le séminaire établi dans King's-Place ; afin de faire place à une autre victime qui doit être sacrifiée de la même manière.

Quand ces ressources ne remplis-

'soient pas suffisamment les projets de Charlotte , elle avoit recours aux avertissemens qu'elle faisoit insérer dans les papiers du jour, qui souvent lui produisoient l'effet desiré, et lui procurbient, pour la prostitution , un grand nombre de jolies nonnes innocentes et confiantes. La plupart de ces avertissemens étoient d'une nature sérieuse , et portoient avec eux , pour toutes les jeunes personnes qui se proposoient d'entrer en service , toutes les apparences de la vérité, de la sincérité, et le témoignage de la bonté du lieu ; quelquefois Charlotte enjolivoit son stile en donnant à entendre que l'on seroit chez elle sur le pied d'amie, et par ces publications badines, elle trompoit ainsi l'innocence confiante. Voici un avertissement qu'elle fit paroître il y a quelque tems et qu'elle adressa à George S...n.

« *On a besoin* d'une jeune personne
» de vingt ans, tout au plus, d'une
» bonne famille, qui ait eû la petite
» vérole, et qui n'ait, en aucune
» manière, servi dans la capitale ;
» elle doit savoir tourner ses mains
» à toute chose, vû qu'on se propose
» de la mettre sous un cuisinier habile
» et très-expérimenté ; elle doit en-
» tendre le repassage et connoître la
» boulangerie, ou du moins en sa-
» voir assez pour faire soulever la
» pâte ; elle doit avoir également as-
» sez de connoissance pour conserver
» le fruit. On lui donnera de bons
» gages et de grands encouragemens
» si elle devient habile et si elle con-
» çoit facilement et profite des ins-
» tructions qui lui seront faites pour
» son avantage. »

Tel badin que puisse paroître cet
avertissement, il produisit néanmoins

F 2

son effet, et il procura au moins une demie douzaine de jeunes personnes qui, en conséquence, se présentèrent pour entrer au service, et qui profitèrent bientôt des instructions qui leurs étoient données.

Charlotte, par ces ruses, avoit initié dans les secrets de son séminaire une douzaine de jeunes filles, belles, florissantes et saines ; elle commença d'abord par leur faire apprendre un nouveau genre d'amusement pour divertir ses nobles et honorables convives ; et, après leur avoir fait subir, deux fois par jour, et pendant une quinzaine leurs exercices, elle envoya, après ce laps de tems, une circulaire à ses meilleures pratiques, dont voici le contenu.

« Madame Hayes présente ses complimens respectueux au lord . . . . » elle prend la liberté de l'informer

» que demain soir, à sept heures pré-
» cises, une douzaine de belles nym-
» phes, vierges et sans taches, ne
» respirant que la santé et la nature,
» exécuterons les célèbres cérémo-
» nies de Vénus, telles qu'elles sont
» pratiquées à *Otaïti*, d'après l'ins-
» truction et sous la conduite de la
» reine Oberea, dans lequel rôle
» Madame Hayes paroîtra. »

Afin que le lecteur puisse se former une idée compétente de leurs
exercices, nous allons donner la ci-
tation suivante, tirée du voyage de
Cook, et écrite par le célèbre doc-
teur Hawkesworth.

« Telles étoient nos matines, ...»
en parlant des cérémonies religieuses
exécutées dans la matinée par les Indiens, il dit : « Nos Indiens jugeoient
» convenable de célébrer leurs Vêpres
» d'une manière toute différente. Un

» jeune homme de six pieds de haut
» et une petite fille d'environ onze à
» douze ans faisoient un sacrifice à
» Vénus, devant plusieurs personnes
» de notre pays et un grand nombre
» de leur nation, sans se douter nul-
» lement de leur conduite indécente,
» comme il le paroissoit d'après la con-
» formité parfaite de la coutume de
» leur endroit. Au nombre des spec-
» tateurs se trouvoient plusieurs fem-
» mes d'un rang supérieur, particu-
» lièrement Oberea, qui, l'on peut
» dire, avoit assisté à toutes leurs cé-
» rémonies ; car les Indiens lui don-
» nèrent à ce sujet les instructions
» nécessaires pour bien exécuter sa
» partie dans un tems ou elle étoit
» trop jeune pour connoître les im-
» portances de ce culte. »

Le lecteur ne sera certainement pas
mécontent du commentaire du doc-

teur Hawkesworth sur l'exécution de
ces cérémonies, d'autant qu'elles sont
plus que curieuses et vraiment philo-
sophiques. Il dit :

« Cet évènement n'est pas men-
» tionné comme un objet de curiosité
» oisive, mais il mérite au contraire
» d'être considéré et de déterminer
» ce qui a été long-tems débattu en
» Philosophie, si la honte qui ac-
» compagne certaines actions, qui, de
» tous les côtés, sont reconnues être
» en elles-mêmes innocentes, est im-
» primée par la nature ou cachée par
» la coutume : si elle a son origine
» dans la coutume, quelque générale
» qu'elle soit, il sera peut-être diffi-
» cile de remonter jusqu'à sa source :
» si c'est dans l'instinct, il ne sera
» pas moins difficile de découvrir
» pour quel sujet elle fut surmontée
» par ce peuple dans les mœurs du

» quel on n'en trouve pas la moindre » trace. »

Voyage de Hawkesworth, *v.* 2, *p.* 128.

Madame Hayes avoit certainement consulté ce passage avec une attention toute particulière, et elle conclua que la honte en pareilles occasions « étoit seulement cachée par la » coutume ». Ayant donc assez de philosophie naturelle pour surmonter tous les préjugés, elle résolut non seulement d'apprendre à ses nonnes toutes les cérémonies de Vénus telles qu'elles sont observées à Otaïti, mais aussi de les augmenter de l'invention, imagination et caprice de l'*Arétin*. C'étoit donc à cet effet, que dans les répétitions qu'elle avoit fait faire à ses nouvelles actrices, elle avoit enseigné à chacune d'elles les gestes et postures dans lesquelles elles étoient déjà très-expérimentées.

Il se trouva à cette fête lubrique vingt-trois visiteurs, de la première noblesse, des baronets et cinq personnages de la Chambre des Communes.

L'horloge n'eut pas plutôt sonné sept heures, que la fête commença. Madame Hayes avoit engagé douze jeunes gens les mieux taillés dans la forme athlétique qu'elle avoit pû se procurer : quelques-uns d'eux servoient de modèle dans l'Académie royale, et les autres avoient les mêmes qualités requises pour le divertissement. On avoit étendu sur le carreau un beau et large tapis, et on avoit orné la scène des meubles nécessaires pour les différentes attitudes dans lesquelles les acteurs et actrices dévoués à Vénus devoient paroître, conformément au système de l'Arétin. Après que les hommes eurent présentés à chacune de leur maîtresse un clou au moins de douze pouces de longueur, en imitation des présens reçus, en pareilles occasions par les dames d'Otaïti qui donnoient à un long clou la préférence à toute autre chose, ils commencèrent leurs dévotions, et passèrent avec la plus grande dextérité par toutes les différentes évolutions des rites, relativement au mot d'ordre de *santa Charlotta*, en conservant le tems le plus régulier au contentement universel des specta-teurs lascifs, dont l'imagination de quelques-uns d'eux fut si tellement transportée, qu'ils ne purent attendre la fin de la scène pour exécuter à leur tour leur partie dans cette fête Cy-prienne, qui dura près de deux heu-res, et obtint les plus vifs applaudis-semens de l'assemblée. Madame Hayes avoit si bien dirigée sa troupe, qu'il

n'y

n'y eut pas une manœuvre qui ne fut exécutée avec la plus grande exactitude et la plus grande habilité.

Les cérémonies achevées, on servit une belle collation, et on fit une souscription en faveur des acteurs et actrices qui avoient si bien joués leurs rôles. Les acteurs étant partis, les actrices restèrent ; la plupart d'elles répétèrent la partie qu'elles avoient si habilement exécutée avec plusieurs des spectateurs. Avant que l'on se sépara, le vin de Champagne ruissela en abondance. Les présens faits par les spectateurs, et l'allégresse des actrices, ajoutèrent à la gaieté de la soirée.

Vers les quatre heures du matin, chaque actrice, acccompagnée d'un sacrificateur, se retira dans sa chambre. Bientôt après, Charlotte se jetta dans les bras du comte ..,. pour mettre en pratique une partie de ce dont elle étoit si grande maîtresse en théorie.

Nous allons les laisser jusqu'à midi, l'heure du déjeûner, attendu que les fatigues de la soirée doivent leur avoir imposé la taxe nécessaire du sommeil jusqu'à ce moment.

CHAPITRE XX.

Notre dernière visite et notre adieu à Charlotte Hayes. *Histoire d'une Laïs célèbre. Aventure de trois sœurs. Les amours de* Nelly Elliot : *sa connoissance avec* Monsieur D....n : *sa liaison avec un joueur : changement de sa fortune.*

Nous avons laissé *sancta Charlotta* dans les bras du comte.... célébrant particulièrement les cérémonies de *Vénus* Ne voulant point troubler son repos, nous allons prendre congé d'elle, d'autant plus qu'à cette époque elle se retira du monde, c'est-à-dire, qu'elle se démit de son abbaye. Cette dame par ses ruses à tromper les jeunes filles innocentes, et par sa fertile imagination à tirer avantage des charmes de ces victimes confiantes, avoit réalisé plus de vingt mille livres sterlings; elle résolut donc de se retirer du commerce.

Nous allons maintenant rendre notre visite à une Dame dans *Newman-Street*, pas bien éloigné de *Middle-sex-Hospital*.

La dame en question est Miss Nelly Elliot, autrement Madame *Hamilton*. (nom adopté pour des raisons dont nous rendrons compte dans la suite) Miss Nelly est la fille d'un officier de marque dans l'armée; elle et deux autres de ses sœurs plus âgées qu'elle, reçurent une éducation conforme à leur rang; elles passèrent leur jeunesse à *Chelsea* où les deux sœurs de Nelly brillèrent dans les assemblées les plus distinguées de l'endroit; ces deux sœurs étoient belles et éclatantes ; grandes et pleines de graces ; et comme elles s'habilloient suivant le ton de leur état, elles avoient un grand nombre de soupirans et d'admirateurs. Mais lorsqu'il fut question de leur fortune , il y eut alors un doute constant.——« Les Demoiselles » Elliot sont des filles adroites.... » Mais il n'y a point d'argent disoit » l'un... Diable , elles n'en ont point, » observoit l'autre ! Qu'elles préten- » tions ont-elles donc pour épouser ? » dans ce cas , elles doivent changer » de plan et chercher un établisse- » ment ; les hommes maintenant ne » sont plus attrappés par les palpita- » tions séduisantes d'une belle gorge, » ni le fichu de gaze à moitié fer- » mé.... Vous savez , *Jacques* , que » nous pouvous avoir d'aussi belles » personnes dans la ville pour une » guinée ; et la variété est ma de-

» vise. — Vous avez raison *Will*,
» comme les Dèmoiselles Elliot n'ont
» point de fortune, je vais proposer
» à l'une d'elles de l'entretenir....
» Parbleu, je m'adresserai à l'autre,
» reprit Jacques. » — Le sort des
deux belles sœurs fut donc ainsi dé-
terminé.

Il n'étoit point alors question de
Nelly l'héroïne de cette histoire ;
elle n'avoit jamais paru dans les assemblées, et à peine à l'église ; en
voici la raison. La sœur aînée, pendant l'absence de leur père, qui étoit
en voyage, étoit chargée de la dépense de la maison ; elle employoit
presque tout l'argent à l'embellisse-
ment de sa chère personne ; mais
comme il lui étoit nécessaire d'avoir
une compagne, elle permettoit à sa
seconde sœur de l'accompagner en
public, mais dans un habillement

inférieur au sien , portant en grande partie ceux que sa sœur aînée rejettoit. Que devenoit alors la pauvre Nelly ? elle restoit seule à la maison. Sa garde-robe n'étoit pas choisie ; elle consistoit dans la troisième et dernière édition des robes et autres ajustemens que sa sœur aînée dédaignoit de porter , et que la seconde lui repassoit ensuite. Ainsi cette malheureuse fille mortifiée et méprisée , avoit médité , pendant quelque tems , le projet de s'échapper , et elle n'attendoit qu'une occasion favorable pour s'en aller d'une manière décente ; ses sœurs alors devinrent si extrêmement bourrues et tyranniques envers elle , ce qui étoit en partie occasionné par la méchanceté naturelle de leur caractère , et par le mauvais succès des agaceries de leurs charmes qu'elles avoient montrés en public, pendant

près de deux ans , sans produire
d'autre effet que l'offre d'être entretenues , qu'elle resolut de ne pas dif-
férer plus long-tems à s'échapper du
logis. Un soir, que ses sœurs étoient
allées au *Ranelagh*, elle se para des
meilleurs guenilles de sa sœur aînée;
elle s'ajusta du mieux possible, depuis la tête jusqu'aux pieds, et ensuite partit à la sourdine. Elle se
rendit donc à la maison d'une domestique, qui autrefois avoit servi chez
eux, et avoit épousé un ouvrier honnête. Cette personne avoit souvent
plaint la triste situation de Nelly, et
desiroit qu'il fut en son pouvoir d'ap-
porter quelques adoucissemens à ses
souffrances. Elle reçut donc Nelly
avec les marques du plus sincère attachement , et lui offrit généreuse-
ment un asyle, où elle demeura quelques semaines. Il y avoit dans la

même maison une autre locataire qui passoit pour une femme modeste ; on avoit cependant quelques raisons de soupçonner qu'elle étoit entretenue par un gentilhomme qui venoit la voir souvent, et qui passoit pour son parent.

Nelly alla un soir avec cette Dame à *Marybone Gardens*, où elles furent jointes aussi-tôt par le parent supposé et un autre gentilhomme. Ce dernier rendit son hommage à Nelly ; lui dit mille choses honnêtes ; lui fit même quelques ouvertures indirectes d'un genre amoureux. Nelly ne fut point du tout mécontente de ses complimens ; de retour à la maison, elle demanda à la Dame qui étoit ce gentilhomme ; elle lui apprit qu'il étoit un homme très-riche et très-généreux avec les femmes. Cette information la satisfit beaucoup et chassa la mélancolie à laquelle elle se livroit depuis quelques jours, et qui étoit occasionnée par l'avenir malheureux de sa situation qui s'offroit perpétuellement à son imagination, et par l'observation de cette dame, qui lui répétoit sans cesse qu'il étoit tems pour elle de penser à chercher un autre logement.

Le lendemain, les deux gentilhommes vinrent rendre une visite à Nelly, et l'engagèrent d'être de la partie qu'ils venoient de former avec son aimable voisine ; rien ne pouvoit lui donner plus de satisfaction, d'autant qu'il étoit question d'aller le soir au Vauxhall ; elle s'habilla donc et on partit. Dans le cours d'un tête à tête que Nelly eut avec son admirateur, il lui dit : « Qu'il se flattoit » de n'être point coupable envers » elle d'aucun tort, en ayant pris

» la liberté d'arrêter aujourd'hui,
» pour elle, un logement dans le
» quartier le plus aéré de la ville,
» et qu'il la supplioit de vouloir bien
» en prendre demain possession. »
A ce coup inattendu, Nelly fut fra-
pée d'étonnement, et promit, sans
hésitation, de s'y rendre. Cette dé-
marche une fois prise, elle avoit
pour ainsi dire ratifié tous les préliminaires des souhaits amoureux de
son adorateur.

La nuit se passa avec beaucoup de
gaieté. Le vin de Champagne fut dis-
tribué avec profusion ; les esprits de
Nelly étoient animés au-delà de l'expression : cette scène agréable dura
jusqu'à trois heures passées du matin ; alors, comme il fut reconnu
que les dames ne pouvoient plus ren-
trer chez elles, et que la matinée
étoit une des plus agréables que l'on

eut vû, on prononça, d'un général accord, que dormir seroit pécher; on résolut donc d'aller à Windsor: on fit venir deux chaises de poste. Nelly tomba nécessairement au lot de Monsieur D...n, comme son associé, et il ne manqua pas, pendant la route, de cultiver avec elle une connoissance plus intime; en un mot, tout avoit répondu à ses souhaits, hors la finale du roman; une retraite convenable sembloit manquer pour completter le bonheur de Monsieur D...n.

On n'eut pas plutôt mis pied à terre à Windsor et ordonné le déjeûner, que Monsieur D....n, qui connoissoit parfaitement l'endroit, conduisit son amoureuse dans un agréable cabinet de verdure à l'extrémité du jardin, qui paroissoit consacré à l'amour et au bonheur.

Nous les y laisserons pendant quelques tems occupés de leurs dévotions à la déesse de Cypris, qui, des deux côtés, furent très-ferventes. Le déjeûner ayant été annoncé, ils revinrent; les rougeurs de Nelly indiquèrent trop clairement le bouleversement de ses sens, l'agitation de son cœur et l'influence de la modestie; pendant le déjeûner on ne tint aucun propos qui put la déconcerter, la conversation ne roula que sur les observations usées de la beauté du tems, et sur la destination future de l'endroit où ils dîneroient.

A leur retour à la ville, Monsieur D....n conduisit Nelly dans son nouveau logement; il lui fit présent d'une bourse remplie d'or pour s'acheter ce dont elle avoit besoin, et il lui dit qu'il lui donneroit chaque semaine cinq guinées pour son entretien.

H

Nelly resta dans cette situation pendant près de trois mois ; elle s'étoit, pendant ce tems, procuré une belle garde-robe, des bijoux de toutes espèces, et avoit, par son économie, amassé cinquante guinées. Malgré le mauvais traitement qu'elle avoit reçu de sa sœur aînée, elle pensa qu'il étoit juste de lui envoyer, en retour des guenilles et autres choses qu'elle lui avoit prises, une pièce de soie, de la dentelle et autres ajustemens.

M. D....n fatigué, à cette époque, des caresses répétées de Nelly, la quitta, et lui donna un billet de banque, sans s'informer de la situation de ses affaires et si elle avoit besoin d'une plus forte somme. Nelly fut grandement affligée de cette désertion ; elle se consola cependant en pensant que n'étant point grosse, elle étoit placée au-dessus du besoin, car son miroir flatteur lui disoit que sa jolie personne devoit lui procurer un nombre considérable d'adorateurs.

Dans cette opinion, elle fréquenta tous les endroits publics, et mit tout en œuvre pour s'assurer un autre amoureux qui, au moins, put l'entretenir aussi élégamment que Monsieur D...n. Elle fit la connoissance de Monsieur *S...n*, qui passoit pour un homme de fortune ; il l'étoit certainement en un sens du mot, car il comptoit entièrement sur la Déesse aveugle pour son entretien : il figuroit dans le monde sur le ton de plus de mille livres sterlings par an ; mais sa fortune étoit extraite de deux os cubiques, vulgairement appelés dés. Ces dés étoient quelquefois si insensibles, qu'ils devenoient sourds à toutes ses supplications ; ses vœux, ses sermens, et que cette expression critique, « sept est le principal, » l'a souvent renvoyé chez lui sans le sou. Cependant lorsque la chance du bonheur lui étoit favorable, il n'y avoit pas d'homme plus genéreux que lui. Nelly se trouva, dans un même tems, tout à-la-fois en possession de sept cent livres sterlings, d'une belle vaisselle d'argent, et de plusieurs bijoux d'un prix considérable; mais, hélas! cette Elysée disparut bientôt; la scène changea et ne présenta plus qu'une vue triste et affreuse; des rochers et des montagnes inaccessibles formoient la route à travers laquelle Nelly devoit alors passer; sans métaphore, en une semaine tout l'argent, les bijoux, la vaisselle furent transportés sur la table du hasard, et S...n ne fut plus maître d'un

shelling : l'ameublement de la malheureuse Nelly prit bientôt la même
route ; sa garde-robe suivit, et pour
completter la catastrophe, S...n fut,
peu de tems après, mis en prison,
à la poursuite de son traiteur qui
avoit obtenu contre lui une sentence
du Tribunal de Justice.

Malgré les infortunes de S...n,
Nelly avoit toujours du penchant
pour lui, comme s'il eut été fortuné ;
elle ne l'abandonna pas dans sa détresse ; et, quoiqu'elle se trouva
dans la situation la plus affligeante
au point de rechercher la compagnie
du premier venu pour vivre, néanmoins elle partagea avec lui les dé-
pouilles de ses charmes, et le soutint pendant quelques mois dans sa
prison, non pas splendidement,
mais du moins d'une manière dé-

cente. A la fin, hélas ! ses différentes amours attestèrent en elle une maladie qui la força d'avoir recours aux grands remèdes.

—————

CHAPITRE XXI.

Situation affreuse de Nelly Elliot ; elle écrit à sa sœur et la prie de la soulager dans sa détresse ; réponse qu'elle en reçoit. Elle reparoît dans le monde ; elle fait la connoissance d'un gentilhomme. Sa carrière future et son plan présent.

Nous avons laissé l'infortunée Nelly Elliot dans la condition la plus déplorable, sans amis, sans argent, sans santé, dépourvue de tous les secours de la vie ; privée du seul homme qu'elle estimoit et qui étoit enfermé dans une affreuse prison ; quelle peinture compliquée de calamités ! et cependant Nelly étoit une femme avouée de plaisir... Rien d'ex-

traordinaire : tel est, dans toute l'Europe, le sort des jeunes personnes de
dix-huit ans qui deviennent femmes
de plaisir.

Nelly avoit, dans sa lamentable situation, écrit à Monsieur D..., une
lettre très-touchante, dans la
elle lui dépeignoit l'état de
où elle se trouvoit ; il est probab.
qu'il lui auroit rendu quelques lé-
gers services s'il eut été dans la ville,
mais malheureusement il étoit à sa
campagne dans Derbyshire, à une
grande distance de la capitale. Ses
besoins devenoient si allarmans que
la garde qui la servoit par pure cha-
rité, et qui, pour soulager notre
malheureuse héroïne, avoit mis en
gage tout ce qu'elle possédoit, à
l'exception des hardes qui la cou-
vroient, appréhendoit très-fort de se
trouver également la victime des be-

soins de première nécessité.... Dans ce cruel embarras, la vieille samaritaine engagea Nelly d'écrire à sa sœur, et de la prier de la secourir, ce qu'elle fit ; mais sa lettre ne produisit autre chose que la réponse cuivante :

« . . . née, comme je le suis, de votre insolence à m'apprendre la » situation infâme dans laquelle vous » vous trouvez par les justes cala-» mités du ciel, que vous vous êtes » attirées sur votre tête ; je pense » néanmoins qu'il est de mon devoir, » comme autrefois votre sœur, — » réflexion mortifiante, — de vous » donner quelques avis qui, par le » repentir, puissent sauver votre » ame de la damnation éternelle. » Quant à votre partie mortelle, » plutôt elle payera la dette inévi-» table de la nature, le mieux pour

» vous-même, le mieux pour le
» monde ; des êtres exécrables comme
» vous, rampant sur la surface de la
» terre, sont nuisibles à la vue, cri-
» minelles envers la société, et font
» la honte du genre humain. Vous
» avez encore assez de loisir pour
» réfléchir à votre état malheureux,
» et vous considérer comme la seule
» cause de votre misère. Qui a pu
» vous porter à suivre un tel genre
» de vie ? Avez-vous vû l'exemple
» d'une pareille conduite dans vos
» parens ?... Non, graces au ciel !
» nous sommes vertueuses et sans
» taches ; vous seule avez flétrit la
» chasteté de la réputation de notre,
» famille : en vous le crime, le vi-
» cieux crime, est moins excusable
» que dans la plupart de ces femelles
» infortunées qui ont été aveuglées
» par l'amour, ou séduites par des

» hommes artificieux ; mais vous n'a-
» vez point à opposer en votre faveur
» une pareille apologie ; vous n'avez
» point d'objet de tendre passion ni
» de séduction à prouver ; vous avez
» sacrifié gaiement votre pureté vir-
» ginale à la débauche la plus abo-
» minable. D'après un tel procédé vous
» vous êtes placée au - dessous des
» bêtes-brutes ; elles n'ont point la
» raison pour leur guide, l'instinct
» seul les dirige. Voyez maintenant,
» malheureuse que vous êtes, l'é-
» normité de votre chûte. Vous avez
» détruit tous les liens de la parenté,
» et brisé ceux de l'amitié. Je vous
» abandonne à vos remords, si vous
» n'avez pas encore perdu tout sen-
» timent de honte. Je suis furieuse
» contre vous ; par conséquent ne
» me troublez plus davantage de vos
» épîtres désagréables, dégoûtantes,

» j'allois presque dire souillées de
» votre bassesse; car vous n'enten-
» drez plus désormais parler de celle
» qui autrefois étoit votre sœur. »

La réception de cette lettre aulieu
de soulager la détresse de la pauvre
Nelly, ne fit qu'augmenter son cha-
grin et ses inquiétudes sur ses néces-
sités allarmantes.

Cependant un voisin prit pitié de
sa triste condition, et lui procura,
par pure humanité, tous les secours
que son état exigeoit.

Nelly ne fut pas plutôt rétablie,
qu'elle reparut dans le monde agréable, avec son élégance et sa vivacité
accoutumées, elle forma bientôt après
une alliance avec un gentilhomme
très-bien connu dans le cercle poli,
et remarquable par la noirceur de sa
peau. Que l'on n'aille pas s'imaginer
qu'il étoit un *Soubise;* non, il étoit

Créole ; ses traits étoient très-réguliers, sa personne bien proportionnée, grande et athlétique ; il s'appeloit Monsieur *H*.....*n*, dont elle a toujours depuis adopté le nom. Leur liaison ne fut pas plutôt formée, que Monsieur H.....n invita Nelly à venir demeurer dans sa maison Salisbury-Street, dans le Strand, où elle présida et fit les honneurs de la table d'une manière si polie qu'elle se distingua des autres dames.

Nelly, ainsi placée dans un genre de vie élégant, crut qu'aucune femme ne méritoit plus qu'elle les attentions et les assiduités d'un homme de goût et de jugement, tel que l'étoit Monsieur H.....n. Il jouissoit d'une grande fortune, sur laquelle il avoit fixé, en faveur de Nelly, une rente de cinquante livres sterlings par an : il n'étoit point coupable d'aucune ex

travagance qui eut fait tort à son bien;
elle n'avoit point le défaut de porter
la dépense au-delà des règles de la
prudence ; mais malheureusement M.
H....n étoit enclin au jeu, et il tomba
entre les mains d'une compagnie d'es-
crots, qui s'intitulent gentilhommes,
et qui, en effet, sont de plus grands
vuideurs de poches que ces malheureux que l'on condamne pour avoir
pris illégitimement un mouchoir ou
une montre ; ces fripons infâmes,
sous le masque de l'amitié et le titre
supposé d'hommes de rang et de fortune, attrapent, par leurs ruses, les
personnes confiantes, et, par une variété de stratagêmes et d'artifices
adroitement conduits, pillent et rui-
nent quiconque tombe dans leurs filets. Telle fut la fatale situation de
Monsieur H....n, qui, dans le cours
de peu de mois, fut forcé d'engager

son bien, d'abandonner sa maison, et d'aller au-dehors mener une vie très-retirée, tandis que sa fortune étoit en tutelle ; par suite de ce désastre, la pauvre Nelly se trouva encore une fois expulsée du grand monde, et obligée de recommencer de nouveau son commerce, lorsqu'elle s'imaginoit l'avoir abandonné pour toujours.

Nelly, pendant quelque tems, soutint son importance ; elle ne vouloit point se soumettre à retourner, comme on dit, en compagnie, mais le puissant mot *nécessité* l'y contraignit bientôt.

Nelly ne fut cependant pas long-tems dans cet état humiliant ; elle trouva des amis qui la secoururent, particulièrement un très-digne et jeune gentilhomme qui lui meubla, dans le goût le plus élégant, la maison qu'elle occupe maintenant.

Nous allons à présent dire de quelle manière elle se soutient dans la situation agréable dans laquelle elle se trouve actuellement. — La maison de Madame Hamilton (le lecteur doit se rappeler que nous l'avons prévenu au commencement du chapitre précédent que Nelly avoit adopté ce nom) peut proprement être regardée plutôt une maison d'intrigue qu'un séminaire. Les plus belles femmes galantes de cette capitale la fréquentent très-souvent. Madame Hamilton n'avoit point le caractère mercénaire des autres mères abbesses ; elle aimoit mieux traiter d'une partie joyeuse, agréable et amusante, que de recevoir des personnes tristes, phlegmatiques et ennuyantes, qui chassent la bonne humeur en proportion de l'argent qu'ils dépensent. Les hommes instruits, gais, divertissans et aimables se rassembloient dans sa maison , moins pour satisfaire aucune passion lascive, que pour jouir du plaisir d'être dans une bonne compagnie , et pour passer quelques heures dans une agréable société.

D'après ce genre d'amis et de connoissances de Madame Hamilton, le lecteur est en état de se former une idée du motif qui attiroit les visiteurs dans sa maison : en parlant ainsi, nous ne prétendons point dire qu'elle est la région de l'amour Platonique. Non, il n'est point de femmes plus sensuelles dans la passion amoureuse que Nelly. Il est vrai qu'elle a un homme qu'elle aime, ou plutôt qu'elle est la favorite d'un homme de grands moyens, et qui a des liaisons avec les théâtres, mais nous ne voulons pas assurer que pendant son absence elle est aussi chaste que Pénélope : non,

Nelly est trop sincère pour prétendre à la parenté de Diane ; elle vise seulement à garder les apparences et à soutenir la dignité d'une femme honnête.

Nous allons parler dans le Chapitre suivant des femmes qui la visitent, afin que nos lecteurs puissent établir leur jugement sur le plan entier de la maison de Madame Hamilton, que l'on doit regarder une des plus distinguée en ce genre.

CHAPITRE XXII.

Histoire de Madame Br..dl..y ; son mariage ; son début au théâtre ; ses liaisons avec les lords M...h et B....b ; elle fait une alliance avec le duc de D.....t ; raison de leur rupture. Histoire de l'aimable Charlotte S...rs ; tricherie de son tuteur, et les effets de sa condescendance.

LA première des femmes moitié entretenues qui se trouvent inscrites sur la liste de Nelly, et qui fréquentent ses rendez-vous joyeux, s'appelle Madame Br.dl.y. Cette dame est grande, gentille, blonde, ayant de beaux yeux bleus ; avant sa dernière maladie, elle étoit généralement reconnue pour une beauté rare ; cependant à mesure que sa santé se rétablit , ses charmes se renouvellent ; elle fit dans sa jeunesse une alliance folle, sans consulter son cœur ou son jugement. Le mariage avoit tant d'attraits à ses yeux, qu'elle oublia de fixer son attention sur le choix d'un mari , et qu'elle épousa Monsieur *Tweedledum*. Cependant, quoique la musique ait des charmes pour adoucir le cœur sauvage , elle n'avoit point de pouvoirs suffisans pour enchanter une jeune personne plus qu'Angélique. Monsieur Tweedledum bourdonnoit sans aucun motif et son épouse pensoit que ses notes se disputoient , et étoient hors de ton. Madame Br..dl..y découvrit bientôt que ce mariage d'enfantillage n'étoit en aucune manière consonnant à sa façon de penser ; ses idées étoient raffinées ; ses notions.

brillantes , et son caractère directe-
ment opposé au vulgaire. Monsieur
Tweedledum , au contraire , ne se
trouvoit heureux que dans les tripots,
s'associant avec les bas acteurs , et
sur-tout avec les petits artistes : comment pouvoit-on donc s'attendre qu'ils
vécussent long-tems ensemble sur un
pied amicable ? la vérité est que madame Br..dl..y avoit pris un dégoût
si complet pour son cher époux ,
qu'elle n'attendoit qu'une occasion
favorable pour jetter les filets du mariage. Il étoit cependant prudent ,
avant d'en venir à une pareille dé-
marche , d'établir un plan pour son
entretien futur ; elle avoit du goût
pour le théâtre, et chantoit agréablement ; elle s'imagina que ses talens
lui obtiendroient au moins des ap-
pointemens suffisans pour la main-
tenir dans une aisance honnête ; elle

s'adressa en conséquence à feu Monsieur Foote qui, soit qu'il fut prévenu en sa faveur par l'agrément de sa personne , ou par ses capacités théâtrales , ce qui paroît le plus probable , l'engagea à des conditions avantageuses , et la fit premièrement débuter dans l'opéra du Gueux, par le rôle de Lucy : soit qu'elle fut intimidée de paroître pour la première fois , devant une assemblée aussi brillante et aussi nombreuse , soit qu'elle craignit la censure de la critique sévère , elle ne s'acquitta point de son rôle aussi bien qu'il auroit été à desirer ; néanmoins elle chanta les airs avec beaucoup de goût , et fut généralement applaudie. Si ce début ne la fit pas regarder d'abord comme une actrice parfaite, il lui attira l'attention des spectateurs, car, en peu de jours, elle reçut des propositions d'un nombre considérable d'adorateurs de ses charmes. Les lords M....h et B....ke se trouvèrent rivaux en cette occasion ; et si l'on doit ajouter foi à la trompette de la Renommée, elle ne fut insensible ni à l'un, ni à l'autre ; mais ces amours ne furent que passagers ; elle succéda bientôt à *Nancy Par..ons* dans les bras du duc de D....t, et elle ne resta pas long-tems avec lui.

Foote, vers la fin de la saison, lui fit la cour ; mais elle refusa ses hommages, dans la crainte d'amener au monde un enfant avec une jambe de bois ; la conséquence fut que frappée des talens des acteurs de la troupe dans laquelle elle étoit engagée, elle ne voulut plus, dans la suite, reparoître sur le théâtre.

Une variété d'amans se présentèrent alors à elle, et dans cette époque, elle fit la connoissance de Madame Hamilton. Ce fut dans sa maison qu'elle vit l'architecte *M*.... La franchise de sa conduite, l'agrément de sa figure, sa taille d'hercule et sa générosité plaidoient fortement en safaveur dans le cœur de Mad. Br..dl.y : aussi écouta-t-elle les propositions d'un homme pour qui elle avoit déjà le plus grand penchant ; en un mot, peu de jours après, elle consentit de vivre avec lui, et lui promit de ne jamais écouter les adresses d'un autre tant qu'il se comporteroit à son égard de la même manière à laquelle elle avoit les plus grandes raisons de s'attendre. Depuis ce moment, cet attachement a toujours subsisté ; et il y a tout lieu de croire que sa fidélité est égale à la tendresse qu'il a pour elle.

L'aimable Charlotte S....rs peut convenablement paroître ensuite sur

la

la liste de Nelly. Si son bon sens égaloit sa beauté, elle seroit le modèle parfait de l'excellence, mais la nature semble en quelque degré répandre ses dons, afin de faire aller de pair le genre humain. Dans notre sexe, généralement parlant, la force d'Hercule est rarement accompagnée de la sagesse de Salomon, ou de la philosophie de Socrates. Xantippe avoit certainement quelques charmes secrets, ou autrement la providence étoit bien cruelle de la former si grondeuse, et de ne pas, en quelque sorte, contrebalancer ce défaut presqu'insupportable. Socrate négligea peut-être le devoir de famille.... Il visita certainement les Laïs les plus célèbres d'Athènes, et cela suffit pour rendre toute femme grondeuse de voir un mari s'égarer, et négliger ses charmes réels ou imaginaires. Mais

Tome II.   K

pourquoi cette disgression ? il y a
plus de sept ans que je n'ai lu *Tris-*
tram Shandy, il fut l'auteur le plus à
la mode qui ait jamais écrit, mais
semblable à toutes les autres nou-
veautés, la lecture de Shandy a passé
de mode comme celle de la Bible, ou
bien comme plusieurs séminaires de
St. James, de Marybone ou de Piccadilly. Je ne crois pas cependant
avoir attrappé la contagion épisodi-
que, c'est pourquoi je vais encore entretenir le lecteur de l'aimable Charlotte S.....rs, jusqu'à ce qu'il en soit
fatigué.

Miss Charlotte S...rs étoit la fille
d'un gentilhomme de campagne, qui
mourut lorsqu'elle étoit dans son en-
fance. Sa mère avoit payé sa dette à
la nature quelques années auparavant.
On lui donna un tuteur qui, sous le
manteau de la religion, s'étoit si bien

insinué dans les bonnes graces de Miss Charlotte, qu'elle le regardoit comme un saint. Quant à Monsieur *Rawl..ns,* (ainsi s'appeloit son tuteur) une jeune sainte étoit tout ce qu'il adoroit ; il avoit dissipé la plus grande partie de sa fortune qui étoit très-considérable ; mais comme ses extravagances furent commises dans la capitale , et comme il n'avoit point engagé son bien , quoiqu'il eut emprunté , pendant sa minorité , des sommes considérables , à des intérêts très-usuraires , en en faisant la rente , ses folies étoient ignorées dans le voisinage de Monsieur S...rs. Il ne fut pas plutôt devenu le tuteur de Miss Charlotte S...rs , qu'il remboursa avec sa fortune la rente de ses extravagances , et qu'il la tint constamment dans la plus parfaite ignorance au sujet de l'état de ses affaires. Cependant comme elle approchoit de sa majorité, il jugea convenable de gagner doublement, Miss S....rs croyoit aveuglément tout ce que Monsieur R....s lui disoit : « Il est tems, lui déclara-t-il un » jour, de vous révéler les dernières » paroles de votre père ; les derniers » mots qu'il prononça avec énergie » furent : Servez non seulement de » père à ma fille, mais devenez son » époux, personne n'est plus digne » de la posséder que vous. » Elle ajouta foi à cette assertion, et comme elle n'avoit point de prédilection pour aucun autre homme, innocemment ou plutôt par enfantillage, elle consentit à lui donner sa main. Monsieur R....s l'ayant donc amené à ses fins, crut qu'il n'y avoit plus de difficulté à terminer promptement cette affaire; en conséquence, il saisit un moment où elle n'étoit point sur ses gardes, et, se jettant à ses pieds, il lui déclara que « sa passion pour elle étoit si » grande, qu'il ne pouvoit plus long- » tems vivre sans elle, et qu'il vou- » loit en ce moment l'épouser. — » Mais que dira le monde, allez » vous me repliquer, ma chère Char- » lotte ? — Il dira malicieusement » que j'ai pris avantage de votre jeu- » nesse et de votre inexpérience pour » me rendre le maître de votre aima- » ble personne et de votre fortune : » pensez à ce que je sens dans un » pareil embarras. Considérez - moi » donc comme votre tuteur, votre » ami sincère, et comme votre époux » le plus tendre, et alors refusez- » moi, si vous le pouvez, les droits » que je demande. » En disant ces mots, il l'accabloit de baisers. Miss Charlotte, ainsi surprise, n'eut pas

K 2

la force de résister, et elle céda à sa passion brutale sans connoître la faute dont elle se rendoit coupable.

Ils vécurent deux ans sur ce pied clandestin. Au bout de ce tems M. R....s fut emporté par une fièvre putride. Comme il étoit mort sans tester, son frère prit possession de son bien, et s'empara par conséquent des fragmens de la fortune de Miss Charlotte S....rs que le défunt s'étoit approprié long-tems auparavant.

Quelle route devoit prendre cette innocente et confiante fille qui se trouvoit ainsi jettée dans le monde sans amis, sans connoissance et sans argent ; elle devint bientôt la proie de Madame Pendergast, qui, avant qu'elle fut entretenue par le lord C..sf..t, tira un parti avantageux de sa personne ; elle étoit toujours avec le lord lorsqu'elle rendit ses visites à

Nelly Elliot. Malgré que cette dame soit une compagne très-agréable et très-amusante, nous allons pour le moment prendre congé d'elle.

———

CHAPITRE XXIII.

Aventures de Madame Nelson. Ses projets d'établir, conjointement avec Monsieur Nelson, un séminaire dans Wardour-Street. Progrès de son entreprise. Plans de séduction. Coup de maitresse dans un genre original. Projets de ruiner deux jeunes et belles demoiselles. Evènement à ce sujet : conséquence de cette procédure.

MADAME Nelson est une dame qui, dans les premières années de sa vie, fut considérée comme une beauté du plus grand mérite; elle céda à la fin à l'influence de ses passions et se jetta dans les bras du capitaine *W...n* qui lui fut constant pendant quelque tems, mais qui, ayant rencontré une autre personne agréable, abandonna cette dame et lui laissa prendre son essort; elle se livra bientôt au premier venu; mais lorsqu'elle s'apperçut que ses charmes déclinoient, que sa constitution étoit en quelque sorte dérangée par les irrégularités de sa conduite, et par les visites trop fréquentes auxquelles elle se livroit; elle écouta alors les avis de Monsieur Nelson, qui lui donna à entendre qu'il seroit prudent pour elle de se retirer de la vie publique, de prendre son nom, et de devenir mère abbesse. Il ajouta qu'il avoit quelque crédit chez un tapissier, et qu'il jugeoit d'après la connoissance et expérience qu'elle avoit obtenues dans le cours régulier de sa profession, et d'après l'étude et le jugement approfondi qu'il avoit fait de la vie réelle et d'une variété de vocations qu'il avoit poursuivi, que le plan étoit non seulement très-praticable, mais pouvoit avoir la plus grande réussite.

Madame Nelson admira son plan et y donna sa sanction ; en conséquence, ils louèrent une maison agréable dans Wardour-Street, Soho, au coin de Holland-Street, qu'ils arrangèrent en très-peu de tems et qu'ils meublèrent de la manière la plus élégante. Il étoit préalablement nécessaire de se procurer un assortiment de nonnes qui furent aussi-tôt pris dans les différens quartiers de la capitale, et nous vîmes bientôt que Nancy Br . . . n, Maria S. . . .s, Lucy F. . .sher et Charlotte M. .rtin s'étoient aussi-tôt engagées dans ce séminaire : elles étoient toutes des filles très-agréables, quoique quelques - unes d'elles eussent paru dans la ville pendant un assez long-tems ; il étoit alors urgent de se pourvoir de religieuses pour le service présent ; mais comme Madame Nelson se proposoit d'être délicate dans le choix, en attendant elle saisissoit toutes les jeunes personnes qui se présentoient.

Son secrétaire et mari nominal étoit employé à écrire des lettres circulaires aux nobles et aux riches qui étoient connus pour visiter le séminaire de Madame Goadby, etc. ce qui procura à Madame Nelson un nombre considérable de visiteurs. Le lord M...h, le lord D...ne, le lord B....ke, le duc de D.....t, le comte H....g, le lord F...th, le lord H...n, et une quantité estimable de membres des Communes vinrent la voir ; mais en général ils se plaignirent tous que les marchandises n'étoient pas de fraîche date, de sorte qu'elle étoit fréquemment obligée d'envoyer chercher d'autres dames, afin de satisfaire ses pratiques ; ce qui diminuoit beaucoup ses profits, et faisoit perdre à sa maison le crédit et la réputation dont elle paroissoit jouir. Madame Nelson voulant donc rétablir la renommée de son séminaire, se servit de son génie, qui étoit fertile dans l'art de la séduction, pour obtenir de véritables vierges dont elle pourroit demander un prix considérable ; elle alla donc visiter constamment tous les registres-d'offices ; elle se rendit dans les auberges où les diligences, les carosses, et autres voitures publiques étoient attendus, et là, par ses insinuations adroites et sous le prétexte de procurer des places aux jeunes filles de campagne et autres jeunes demoiselles qui se proposoient de servir, elle obtint bientôt un joli assortiment des marchandises les plus fraîches que l'on ait pû trouver dans Londres.

Madame Nelson triompha alors de ses rivales. Madame Goadby, en son particulier, devint si jalouse d'elle, que dans le dessein d'établir son séminaire sur le même pied que celui de Madame Nelson, elle fit le tour de l'Angleterre, et fut assez heureuse pour amener avec elle une jolie provision de nouvelles marchandises, qu'elle se proposa de présenter à ses convives lors de la rentrée du parlement.

Madame Nelson n'eut pas plutôt appris le but du départ de sa rivale, que cette nouvelle, loin de la décourager, excita dans son cœur l'émulation la plus forte de surpasser les projets de Madame Goadby ; elle mit une fois de plus son génie imaginatif

L

en marche ; elle avoit une légère connoissance de la langue française, elle avoit appris dans sa jeunesse à travailler à l'éguille ; ayant donc lû dans les papiers un avertissement pour être gouvernante dans une école de jeunes filles, elle fit en conséquence les démarches nécessaires pour avoir cet emploi, et fit tant que par son habileté elle en obtint la place. Comme son dessein n'étoit pas d'exercer long-tems cette fonction, elle n'essaya point d'améliorer l'éducation des jeunes demoiselles en leur enseignant les bonnes mœurs ; au contraire, elle s'efforça de corrompre leur esprit en leur parlant des plaisirs agréables que l'on goûtoit dans les caresses d'un beau jeune homme, et en leur donnant à entendre que c'étoit folie et préjugé de croire qu'il y avoit du crime à céder à leurs passions sensuelles.

Dans cette vue, elle leur mit entre les mains tous les livres qu'elle jugea convenable à éveiller leur inclination lascive, et à leur faire naître les idées les plus impudiques. Les *Mémoires d'une fille de joie*, et autres productions du même genre leur furent secrètement communiqués; elles les lisoient avec avidité. Quand elle vit qu'elle avoit suffisamment animé leurs passions, et qu'elle avoit fait passer dans leur sens le desir invincible de la flamme amoureuse; un jour, sous le prétexte de prendre l'air, elle se rendit avec deux des plus belles filles de l'école, dans sa maison située dans Wardour-Street. Ces deux jeunes demoiselles, qui s'appeloient Miss *W...ms* et Miss *J..nes*, étoient âgées d'environ seize à dix-sept ans et appartenoient à de très-bonnes familles.

Madame Nelson avoit antérieure-
ment prévenu le lord *B*.... et Monsieur *G*... . de se tenir prêt à recevoir
ces aimables personnes. Elles ne furent pas plutôt entrées dans cette
maison , qu'elles trouvèrent une collation servie ; il y avoit des fruits et
des confitures en abondance. Madame
Nelson informa les jeunes demoiselles
qu'elles étoient chez une de ses paren-
tes et qu'elle les prioit d'agir librement
et sans cérémonie ; en conséquence
Miss W...ms et Miss J...nes se livrè-
rent à leur appétit avec beaucoup de
satisfaction ; on les engagea à boire
un ou deux verres de vin , ce qui
anima leur esprit. Madame Nelson
jugea alors qu'il étoit tems d'introduire les gentilhommes ; et quoiqu'il fussent déjà dans la maison , un
coup à la porte annonça leur arrivée ;
en entrant dans l'appartement, ils de-

mandèrent excuses du trouble qu'ils causoient ; les jeunes démoiselles furent d'abord allarmées, mais la politesse des gentilhommes dissipa bientôt leurs craintes ; et on parla agréablement de différentes choses.

Il commençoit déjà à se faire tard, et les jeunes personnes étoient en quelque sorte inquiètes de savoir comment elles pourroient regagner la pension qui étoit au-delà de Kensington, lorsque l'on fit entrer la musique, et que l'on proposa de danser; elles étoient si passionnées de la danse, qu'elles oublièrent aussi-tôt leurs craintes, et même le tems qui s'écouloit tandis qu'elles se divertissoient ; en un mot, elles continuèrent de danser jusqu'à minuit ; pendant ce tems, on leur fit boire différentes liqueurs pour augmenter l'effervescence de leur passion. Les assiduités de leurs danseurs leur empêcha de prévoir leur danger, et presque leur destruction prochaine.

Il étoit deux heures du matin, lorsqu'elles se retirèrent pour se coucher ; tandis qu'elles se déshabilloient, elles ne purent s'empêcher de parler de la tournure, de l'élégance, de la conduite honnête de leurs danseurs. Miss W...ms avoua qu'elle desireroit posséder pendant toute la nuit le lord B.... dans ses bras ; et Miss J...nes déclara qu'elle se croiroit complettement heureuse si Monsieur G..... étoit dans son lit avec elle : les amans qui étoient aux écoutes, entrèrent sur-le-champ dans leur chambre, en disant : qu'il étoit impossible de refuser des invitations aussi tendres, et qu'ils se croiroient plus que des mortels, si après avoir entendu de pareilles déclarations, ils

Les jeunes demoiselles étoient toutes les deux sur le point de se mettre dans le lit ; et elles n'avoient en ce moment d'autres vêtemens que leur chemise, lorsque Monsieur G...: prenant Miss J...nes dans ses bras, la porta sur un lit qui étoit dans une chambre adjacente , et laissa le lord B..... maître de la personne de Miss W..ms. Elles s'étoient trop avancées pour reculer , et leur destin devint alors inévitable.

Nous supposons que les amans et les belles n'ymphes furent aussi heureux que leur situation l'exigeoit, et qu'ils goûtèrent jusqu'au lendemain un bonheur sans mélange.

Mais le lendemain , comment retourner à leur école ; comment excuser leur absence ; elles prièrent Madame Nelson de les reconduire à leur maîtresse , et de donner elle-même quelque raison plausible en leur faveur ; elles la supplièrent, les larmes aux yeux, de les accompagner, mais le jeu de Madame Nelson étoit trop beau ; elle avoit entièrement les cartes entre les mains ; elle en avoit déjà joué un *sans prendre*, et avoit gagné deux cent guinées ; elle espéroit avec de telles dames, en avoir encore quelques mille. Mais en peu du tems, les parens des jeunes demoiselles apprirent l'endroit où elles étoient retenues ; ils obtinrent du juge voisin un ordre de les rendre, et intentèrent un procès contre Madame Nelson.

CHAPITRE XXIV.

Suite de l'aventure de Madame Nelson. Son abdication dans Wardour-Street ; elle reprend un autre séminaire dans Bolton-Street. Description de ses nonnes et de ses visiteurs. Portrait d'un caractère bisarre et hypocrite. Manière dont Madame Nelson satisfaisoit ses pratiques conformément à leurs différentes dispositions.

Les démarches rigoureuses que les parens de Miss W...ms et de Miss J...nes prirent envers Madame Nelson pour la citer en justice, la força de décamper : le bruit que cette affaire fit dans le voisinage, engagea plusieurs voisins à former plainte contre cette maison de débauche ; et si Madame Nelson eut continué plus long-tems son commerce, elle auroit probablement monté à la tribune, non pas pour prêcher, mais pour prier la populace de ne pas la régaler d'œufs durs.

Au bout de quelques mois, Madame Nelson ayant vu qu'il n'y avoit point de poursuite contre elle, prit un autre séminaire dans Bolton-Street, Piccadilly. Elle résolut de jouer à un jeu plus assuré que celui qu'elle avoit joué dans Wardour-Street ; dans cette endroit, elle avoit été trop loin, avoit trop risqué, et avoit presque tout perdu ; elle jugea alors qu'il étoit prudent de ne pas s'élever au-dessus des filles de joie sur le haut ton.

Au nombre de ses nonnes, dans la dernière classe, étoient Madame

Marsh..l, Madame *Sm...th*, Madame *B...ker*, Mademoiselle *F...sher* et Mademoiselle *H...met*.

La première de ces dames étoit la fille d'un chapelain qui lui donna une bonne éducation, et qui s'efforça de fortifier son esprit par les sentimens de la réligion et de la morale. Elle est d'une figure agréable et bien faite. Se trouvant par la mort de son père dans la plus grande détresse, elle écouta les sollicitations du colonel *W....n*, et elle résigna sa vertu et non pas son cœur à ses propositions ; au colonel, succéda un homme qu'elle aimoit sincèrement, mais elle découvrit trop tard qu'il étoit engagé dans le mariage, et peu de semaines après, il la quitta ; elle fut donc alors forcée de roder pour pourvoir à ses besoins, et maintenant, suivant les occasions, elle rend des visites à Madame

W...ston, à Madame Nelson et dans les autres séminaires.

Madame Sm..th est une femme fort jolie, quoique pas remarquablement belle ; elle est très-ignorante, et elle fut trompée par un acteur ambulant , dont elle a adopté le nom. Pour ne point mourir de faim avec lui dans un grenier , où pour ne pas être envoyée à la maison de correction comme une vagabonde (car elle est très - impétueuse quoique toute sa science se borne à lire une chanson et à prononcer les mots tout de travers.) elle se fit inscrire sur la liste des grisettes ; étant donc entrée chez Madame Nelson comme une nouvelle figure, elle y a gagné une somme considérable d'argent , et maintenant elle figure avec éclat au Ranelagh , à Carlisle-House et au Panthéon.

Madame B...ker est une dame qui,

pendant long-tems , a été très-connue au théâtre. Quoiqu'elle ait parut souvent ici dans le caractère d'une déesse, nous ne pensons pas qu'elle ait quitté les planches ; elle a de justes prétentions à ce titre ; elle vécut pendant deux ans avec le comte *H....g* ; mais le comte , au bout de ce tems , ayant remarqué que ses affaires étoient très-embarrassées , et ayant donc en conséquence refusé de satisfaire aux demandes pécunières de madame B..ker, elle visite maintenant les séminaires pour y rencontrer un admirateur temporaire , et pour se mettre au-dessus du besoin ; elle va également dans les mascarades et autres endroits publics.

Miss Fisher a odopté ce nom, parce qu'elle s'imagine ressembler beaucoup à la célèbre Kitty Fisher, qui étoit, il y a quelques années, la Laïs du bon ton la plus admirée ; on ne peut re-

M

fuser qu'il y ait beaucoup de rapport entre elles ; mais en vérité , nous ne pouvons pas dire que la présente Fisher possède les qualités personnelles et spirituelles de Kitty ; néanmoins, elle est une fille très-agréable ; elle a plusieurs admirateurs, au nombre desquels se trouvent des personnes du premier rang.

Miss H...met a la prétention de se croire petite parente de Madame Les..ham , mais nous croyons que la consanguinité est imaginaire ; il est certain qu'il y a quelque légère ressemblance de traits entre elles ; elle imite cette dame , autant qu'elle le peut, dans son jeu ; et comme Miss H..met est très-vive , elle se flatte d'être engagée l'année prochaine à un des théâtres.

Nous allons maintenant parler d'une dame qui unit le jeûne et la débauche, la réligion et le vice, dans un degré d'ypocrisie, dont il y a peu d'exemples. Madame *P......* est, ou prétend être, la femme d'un prédicateur ambulant qui, depuis quelque tems, est enfermé par ordre de la justice : elle est si extrêmement dévote, qu'elle considère comme un péché mortel de mettre le moindre morceau de chair dans sa bouche ; mais nous ne dirons pas qu'elle l'abhorre aussi complettement que de ne jamais en goûter d'une autre manière, et aussi abondamment et aussi voluptueusement qu'il est possible ; elle a, par sa rigide pénitence, obtenu le titre de *système végétal....* Sa dévotion est égale à son pécher. Si elle doit se coucher à cinq heures avec l'amant le plus athlétique que l'on puisse décrire, elle n'a aucune sorte d'objection pour ne pas éprouver la vigueur de son camarade de lit ; mais aussi-tôt qu'elle entend la cloche de sept heures, qui appelle à la prière, elle se jette alors à bas du lit, elle s'habille promptement et elle vole à l'Eglise où à la chapelle pour faire ses dévotions ; l'office achevé, elle revient à son cher amoureux, elle se déshabille, et elle se remet au lit pour achever les cérémonies de Vénus qu'elle avoit auparavant commencées ; cette conduite exemplaire, jointe à sa stricte abstinence de la chaire dans un sens ou à son systême végétal, doit certainement la placer dans le vrai chemin du ciel dans lequel elle ne doit pas trouver d'obstacles pour empêcher le progrès de son voyage céleste.

Par ces secours agréables et religieux, Madame Nelson trouve les moyens de satisfaire le goût et les dispositions de chacun de ses visiteurs. Est-il Philosophe, Casuiste ou Métaphysicien ? Madame M. . .rshall peut disputer des sciences occultes avec le logicien le plus subtil des écoles. Le vrai sensualiste trouvera une ample gratification dans la personne de Madame Sm..th, d'autant que l'unique étude à laquelle elle s'est toujours appliquée, est celle d'une agréable courtisanne. Madame B...ker peut ravir par son chant, et vous faire croire qu'elle est presque une Déesse, comme elle l'étoit autrefois sur le théâtre. Si la pompe et l'affection doivent avoir quelques charmes aux yeux d'un adorateur, Miss F...sher peut prendre tous les airs coquets d'une femme de qualité du plus haut ton. Si un amoureux desire entendre Desdemona, ou autres personnages furieux, Miss H..met peut en remplir le caractère avec autant de graces que Othello lui-même. Si le puritain fanatique paroît animé de l'esprit de la chaire, Madame P.... jeûnera et priera avec lui aussi long-tems qu'il le désirera, *excepté au lit.*

Il n'est donc point surprenant que les visiteurs de Madame Nelson fussent de tous les rangs et dénominations, depuis le duc jusqu'au méthodiste qui accable ses paroissiens d'une abondance de damnation pour l'autre monde, afin de pouvoir jouir, sans trouble, des douceurs et félicités de cette sphère mondaine dans les bras de sa Laïs.

Ayant, comme nous le présumons, rendu un juste hommage à Madame Nelson, nous jugeons qu'il est tems de renouveller nos visites à nos anciennes amis de King's-Place.

CHAPITRE XXV.

Etat présent des séminaires de King's-Place. Histoire de la négresse Harriot. Sa première liaison dans la Jamaïque ; son arrivée en Angleterre ; sa conduite envers son maître ; elle paroît en public ; ses succès ; elle devient mère abbesse ; les causes de son infortune. Anecdotes sur Emily... Ph...y et Coleb..ke.

Nous revenons maintenant au grand endroit d'amour, de plaisir et de bonheur, au célèbre *sanctum sanctorum,* ou King's-Place. Pendant nos dernières excursions à May-Fair et à Newman-Street, il arriva une révolution très-considérable dans ces séminaires. Charlotte Hayes se retira du commerce. Madame Mitchell ruina un gentilhomme Irlandais, extrêmement riche, et la négresse Harriot fut volée et pillée par ses domestiques. Mais comme nous rencontrons cette dame chez Madame Dubery, nous allons présentement parler d'elle comme d'un caractère très-extraordinaire.

Etat présent et exact des séminaires dans King's-place, donné d'après les meilleures autorités.

Madame *Adams.*
Madame *Dubery.*
Madame *Pendergast.*
Madame *Windsor.*
Madame *Mathews.*

Avant de parler des belles nonnes de ces séminaires, nous allons donner une petite description de la négresse *Harriot*, tandis qu'elle demeure en-

core dans un de ces endroits voluptueux.

Harriot habitoit les côtes de la
Guinée ; elle étoit extrêmement jeune
lorsqu'elle fut conduite avec d'autres
esclaves à la Jamaïque. Arrivée là ,
elle fut exposée en vente , suivant la
coutume ordinaire, et achetée par un
riche colon de Kingston. A mesure
qu'elle avança en âge , on découvrit
en elle un génie vif , et une intelli-
gence supérieure à la classe ordinaire
des Européens , dont les esprits ont
été cultivés par l'instruction. Son
maître la distingua bientôt de ses
camarades ; il prit en elle une con-
fiance particulière , et il la fit l'inten-
dante de ses négresses ; il lui fit apprendre à lire , à écrire , à compter,
afin de tenir ses registres , et régler
ses comptes domestiques. Comme il
étoit veuf , il l'admettoit très-souvent

dans son lit ; cet honneur étoit toujours accompagné de présens, qui bientôt attestèrent qu'elle étoit sa favorite ; elle resta dans cet état près de trois années, pendant lequel tems elle eut deux enfans. Ses affaires l'appellèrent alors en Angleterre, Harriot l'y accompagna. Malgré les beautés qui, dans cette île, fixoient son attention, elle demeura constamment et sans rivalité l'objet chéri de ses desirs ; et cela n'étoit pas en quelque sorte extraordinaire, car, quoique son teint ne fut pas aussi engageant que celui des belles filles d'Albion, elle possédoit plusieurs charmes qui ne sont pas ordinairement rencontrés dans le monde femelle qui s'adonne à la prostitution. Harriot étoit fidèle à son maître, soigneuse de ses intérêts domestiques, exacte dans ses comptes, et elle n'auroit point souffert que personne ne le trompa ; et, à cet égard, elle lui épargnoit par an quelque centaines de livres sterlings. La personne d'Harriot étoit très-attrayante ; elle étoit grande, bien faite et gentille. Pendant son séjour en Angleterre, elle avoit orné son esprit par la lecture de bons ouvrages, et à la recommendation de son maître, elle avoit acheté plusieurs livres utiles, agréables et convenables aux femmes. Elle avoit par là considérablement perfectionné son jugement, et avoit acquis un degré de politesse qui se trouve à peine chez les Africaines.

Telle fut sa situation pendant plusieurs mois ; mais malheureusement pour elle, son maître, ou plutôt son ami, qui n'avoit jamais eu la petite vérole, attrapa cette maladie, qui lui devint si fatale, qu'il paya le tribut de la nature. Harriot possédoit une assez belle garde-robe, et quelques bijoux ; elle avoit toujours agi d'une manière si généreuse et si équitable, qu'à la mort de son maître, elle n'avoit pas amassé en argent une somme de cinq livres sterlings, quoi qu'elle eut pu aisément, et sans mystère, devenir la maîtresse de mille louis.

La scène fut bientôt changée ; de surintendante d'une table splendide, elle se trouva réduite à une très-mince pitance, et même cette pitance n'auroit pas duré long-tems, si elle n'eut pas avisé aux moyens de venir promptement au secours de ses finances presqu'épuisées.

Nous ne pouvons pas supposer que Harriot eut quelques-uns de ces scrupules délicats et consciencieux qui constituent ce que l'on appelle ordinairement

nairement

nairement la chasteté, et ce que d'autres nomment la vertu. Les filles de l'Europe, aussi bien que celles de l'Afrique, en connoissent rarement la signification dans leur état naturel. La nature, dirigea toujours Harriot quoiqu'elle eut lu des livres pieux et remplis de morale; elle trouva qu'il étoit nécessaire de tirer un parti avantageux de ses charmes, et, a cet effet, elle s'adressa à *Lovejoy*, pour qu'il la produisit convenablement en compagnie. Elle étoit, dans le vrai sens du mot, une figure tout-à-fait nouvelle pour la ville, et un parfait phénomè de son espèce. Lovejoy dépêcha immédiatement un messager au lord S...., qui s'arracha aussi-tôt des bras de Miss *R...y* pour voler dans ceux de la beauté maure. Le lord fut tellement frappé de la nouveauté des talens supérieurs de Harriot, auxquels il ne s'attendoit pas, qu'il la visita plusieurs jours de suite, et ne manqua jamais de lui donner chaque fois un billet de banque de vingt livres ster-lings.

Harriot roula alors dans l'or ; trouvant donc qu'elle avoit des attraits suffisans pour s'attirer la recommendation et l'applaudissement d'un connoisseur aussi profond que l'étoit milord dans le mérite femelle, elle résolut de vendre ses charmes au plus haut taux possible; et elle conclua que le caprice du monde étoit si grand, que la nouveauté pouvoit toujours commander le prix.

Dans le cours de peu de mois, elle pouvoit classer sur la liste des ses admirateurs, quarante pairs, et cinquante membres de la Commune qui ne se présentoient jamais chez elle qu'avec un doux papier appellé communément billet de banque. Elle avoit déjà réalisé près de mille livres sterlings ; outre le linge, la garde-robe immence, la vaisselle d'argent, les beaux ameublemens et bijoux qu'elle s'étoit achetés. Un de ses amis lui conseilla alors de saisir l'occasion favorable qui se présentoit à elle, de succéder à Madame *Johnson*, dans King's-Place ; elle écouta cet avis, et employa presque sa petite fortune à ce nouvel établissement.

Harriot eut pendant quelque tems, un succès prodigieux, mais ayant pris un caprice pour un certain officier des gardes qui n'avoit que sa paye pour se soutenir, elle refusa d'accepter les offres de tout autre adorateur ; étant donc, pendant ce tems, obligée de délier les cordons de sa bourse, en faveur de ce fils de Mars, elle trouva bientôt un grand déficit dans l'état de ses recettes. Elle alla la saison dernière avec une partie de ses nonnes, à Brightelmstone; les domestiques à qui elle avoit laissé la charge et la conduite de sa maison, profitèrent de son absence; ils augmentèrent non seulement le montant de ses dettes en prenant à crédit dans toutes les boutiques du voisinage, mais ils lui dérobèrent plusieurs choses de valeur, qu'elle ne put pas ravoir. Elle ne voulut pas les poursuivre en justice, quoiqu'ils terminèrent la scène de sa ruine, car Harriot fut et est encore enfermée pour dette.

Nous allons donc la laisser ou elle est pour rendre visite aux autres abbesses. Nous commencerons par Madame Adams, à l'extrémité septentrionale de la constellation des séminaires, chez qui nous trouvons l'aimable Emily, les beaux yeux de Ph..y et la jolie Coleb..ke.

Cette Emily n'est point Emily C..l..th..st, dont nous avons déjà parlée, mais Emily R..berts qui descendoit d'une famille toute différente. Son père étoit un rémouleur très-fameux, et peu d'artistes dans ce genre out eû autant de réputation que lui; cependant, malgré son état et la considération dont il jouissoit, il ne pouvoit pas donner à son Emily aucune fortune capitale, ce qui la contraignit d'entrer au service; elle se plaça donc chez un marchand respectable et y vécut pendant quelque tems dans l'état de l'innocence. A la fin, le fils de son maître la débaucha, les fruits de leur correspondance devinrent bientôt visibles, et elle se vit forcée d'abandonner la maison. Dès qu'elle eût donné au monde le gage de son indiscrétion, elle n'eut plus d'inclination pour le service. Le panneau de sa chasteté étant donc démoli, il lui fut aisée de se persuader que ses charmes la maintiendroient dans cet état d'aisance, de dissipation et de plaisir pour lequel elle étoit si naturellement portée. Il faut avouer qu'Emily étoit, dans le sens du mot reçu de King's-Place, une très-bonne marchandise. Il est impossible d'être plus aimable et plus agréable qu'elle... Son frère travaille toujours dans l'humble état d'un rémouleur ambulant, comme successeur de son père. Mais si Emily n'a pas avancé son frère dans quelqu'autre dignité, elle a du moins augmenté son petit commerce en lui procurant la pratique de tous les séminaires de King's-Place, où il travaille presque tous les jours dans sa vocation.

Miss Ph.. y est célèbre et remarquable par le brillant et la vivacité
de ses yeux ; elle est, à d'autres
égards, une fille fort gentille et très-
agréable ; elle fut mise en apprentis-
sage chez une lingère dans Bond-
Street, et elle fut séduite par le lord
P.... qui bientôt l'abandonna, et la
mit dans la nécessité d'aller exposer
ses charmes dans ce marché générale
de la beauté.

Miss Coleb..ke est fort jolie et se
distingue par sa vivacité et ses re-
parties. Monsieur R..... l'acteur, eut
l'honneur d'être le premier sur la
liste de ses adorateurs ; elle fut la dupe
d'un avertissement qu'il lui adressa
au sujet de sa belle figure théâtrale ;
en conséquence de cet avertissement
elle eut un rendez-vous avec lui. M,
R..... lui promit de lui enseigner l'art
dramatique et de la présenter au di-

recteur du théâtre; il lui dit qu'il ne doutoit point qu'elle ne devint, en peu de tems, l'ornement de la scène, et qu'elle n'obtint un traitement considérable : il lui donna donc quelques leçons dramatiques; mais, dans une des scènes tendres, il joua si bien son rôle, qu'elle fut forcé de reconnoître ses talens et de céder à ses conseils, et qu'elle réalisa les descriptions les plus amoureuses de nos poëtes.

Fin du Tome second.

www.ingramcontent.com/pod-product-compliance
Lightning Source LLC
LaVergne TN
LVHW050756200726
843507LV00001B/128